seil technik

Michael Larcher
Heinz Zak

9. überarbeitete Auflage 2022

alpenverein
österreich

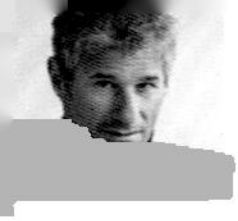

Michael Larcher

Seiltechnik – eine permanente Herausforderung

Berufsbedingt sind wir nahezu täglich mit dem Thema Seiltechnik beschäftigt – beim Klettern, auf Ausbildungskursen oder wenn es darum geht, in Magazinen und Lehrschriften Themen aus dem Bereich Seiltechnik zu behandeln. Was wir immer wieder erleben: Das Thema ist ständig in Bewegung. Jede Neuauflage unserer Lehrschrift stellt uns vor eine spannende Aufgabe: Akribisch überprüfen wir selbst altbewährte Lehrmeinungen, beleuchten und hinterfragen neue Techniken, die wir erst in der Praxis ausprobieren, bevor wir sie weitergeben. Immer wieder können Techniken vereinfacht und der modernen Ausrüstung angepasst werden. Wir sehen auch die Fortschritte: So haben sich in kürzester Zeit in Kletterhallen und Klettergärten Sicherungsgeräte mit automatischer Blockierwirkung durchgesetzt.

Immer wieder wird uns vor Augen geführt, dass der Mensch selbst die größte Gefahrenquelle darstellt! Gravierende Fehler beim Sichern des Partners, Ablenkung, Unaufmerksamkeit, fehlende oder zu oberflächliche Ausbildung sind die häufigsten Unfallursachen – auch im alpinen Bereich. Gefährlich unterwegs sind häufig auch vermeintlich erfahrene Kletterer, die grundlegende Standardmaßnahmen ignorieren – wie z. B. den Kurzprusik beim Abseilen. Tragische Unfälle in den letzten Jahren zeigen, dass Schlampigkeit und Unterlassung bewährter Sicherheitsstandards fatale Folgen haben können.

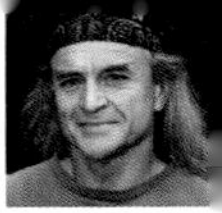

Heinz Zak

Die ständige Weiterentwicklung im technischen Bereich ist ein erfreulicher Trend. Dennoch ist die Seiltechnik nach wie vor das handwerkliche Herzstück unseres Sports. Der Umgang mit dem Seil bleibt ein lebendiges Feld und eine ständige Herausforderung, Altes wie Neues stets kritisch zu überdenken. Am wichtigsten erscheint uns der persönliche Appell an die Verantwortung dem Partner und sich selbst gegenüber:
„Wir passen auf uns auf" muss ein ständiger Leitgedanke sein. Vertrauen erfordert Verantwortung und umgekehrt. Eine fundierte Schulung durch qualifizierte Ausbilder*innen sowie intensives Üben garantieren eine solide Basis für die persönliche Sicherheit!

Unseren Dank aussprechen möchten wir unseren Freunden für ihre fachkundige Unterstützung. Besonderer Dank gebührt unserer Grafikerin Angelika Zak, die mit unendlicher Geduld unsere Ideen grafisch umsetzt.

Heinz Zak und Michael Larcher, August 2022

Heinz Zak
Extremkletterer, Bergführer, Fotograf
www.heinzzak.com

Michael Larcher
Bergführer, Leiter der Abteilung Bergsport im ÖAV
www.alpenverein.at

Knoten	Sackstich	6
	Achterknoten	6
	Doppelter Bulin	8
	Weiches Auge	10
	Prusikknoten	10
	Bandschlingen-Klemmknoten	12
	Halbmastwurf	12
	Mastwurf	14
	Ankerstich	14
	Weberknoten	14
	Spierenstich	16
	Gesteckter Sackstich	16
	Schmetterlingsknoten	16
Anseilen	Hüftgurt	18
	Kombination Hüft- und Brustgurt	24
	Klettersteig	28
	Seil verkürzen	30
Sichern in Halle und Klettergarten	Partnercheck	32
	Partnersicherung	34
	Standort des Sichernden	46
	Gewichtsunterschied	46
	Zwischensicherungen	48
	Sturz	50
	Ablassen vom Körper	52
	Toprope-Klettern	54
	Umbau am Umlenkpunkt	56
Standplatz	Zentralpunkt	58
	Standplatzbau im Fels	60
	Reihenverankerung	60
	Ausgleichsverankerungen	62
	Standplatz an einem Fixpunkt	66
	Fixpunkte verspannen	70
	Standplatzbau im Eis	74
	Eissanduhr „Abalakow"	78
	Toprope-Klettern im Eis	78

	Standplatz im Firn	80
	T-Anker	80
	Sitzpickel	80
	Stehpickel	82
	Verankerung mit Ski	84
Seilschaften	Zweierseilschaft	86
	Zwillingstechnik - Halbseiltechnik	88
	Wechselführung - permanente Führung	89
	Dreierseilschaft	89
	Größere Seilschaften	92
	Seilkommandos	94
	Gletscherseilschaften	96
Partnersicherung in Mehrseillängen	Partnersicherung am Standplatz	98
	Partnersicherung ohne Standplatz	108
Abseilen	Der Abseilstand	114
	Abseilgerät und Kurzprusik	116
	Ablauf beim Abseilen	118
Ablassen vom Stand	Ablassen mit HMS, Tuber, Grigri, Plate	124
Rettungstechnik	Fixieren	130
	Prusiktechnik	132
	Expressflaschenzug	134
	Seilrollenflaschenzug	136
	Express-Körperflaschenzug	138
	Körperflaschenzug klassisch	140
	Selbstseilrolle	142
	Seilverlängerung	144
	Methoden der Spaltenbergung	146
	Mannschaftszug	146
	Lose Rolle	148
	Münchhausentechnik	152
	Bremsknoten überwinden	156
Seilkunde	Seiltypen, Seilnorm, häufige Fragen	158

k n o t e n

Bergsteiger und Kletterer kommen mit wenigen Knoten aus. Diese müssen allerdings perfekt - sozusagen „blind"- beherrscht werden, damit die schnelle und richtige Anwendung auch in Extremsituationen wie Zeitdruck, Ermüdung, Dunkelheit oder Notfall gewährleistet ist.

Wichtig:

- Auf ein sauberes Knotenbild achten, Seilstränge nicht verdrehen!
- Seil- und Reepschnurenden lang genug lassen: Mindestens so lang in Zentimeter wie der Durchmesser in Millimeter, Ausnahme Abseilen: Enden der Seilverbindung mind. 30 cm lang!
- Knoten an allen Strängen kräftig festziehen!
- Übung macht sicher!

■ Sackstich

Der Sackstich ist der ideale Knoten zum Verbinden von Seilen und Reepschnüren mit annähernd gleichem Durchmesser. Wir verwenden ihn beim Abseilen oder zum Herstellen einer Schlinge. Offenes Bandmaterial darf nur dann mit einem Sackstich verknotet werden, wenn es aus Polyamid hergestellt ist. Keinesfalls, wenn das Band aus Dyneema oder Polyethylen (PE) besteht!

Nachteil: Der Sackstich kann nach starker Belastung nur schwer gelöst werden.

■ Achterknoten

Der „Gesteckte Achter" ist unser Favorit unter den Anseilknoten: Er ist einfach und mit einem Blick zu kontrollieren.

Nachteil: Kann nach Sturzbelastung schwer geöffnet werden.

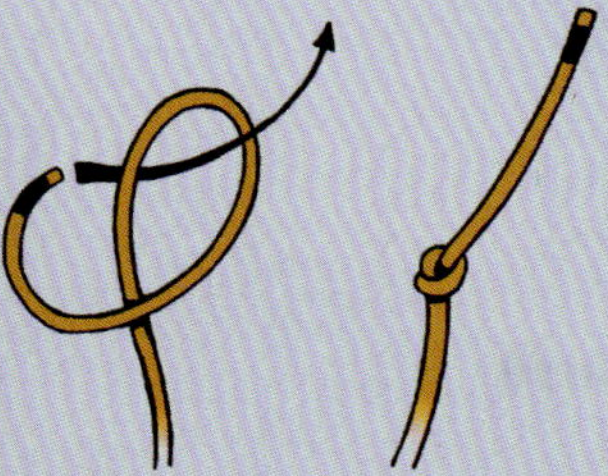

Sackstichknoten

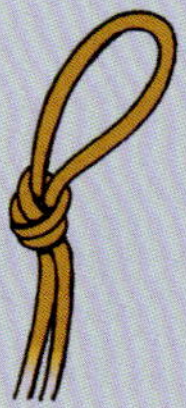

Sackstichschlinge

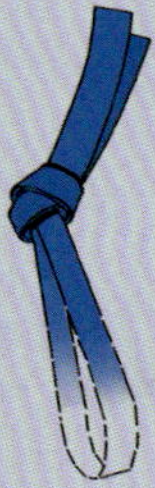

Sackstich in Bandschlinge

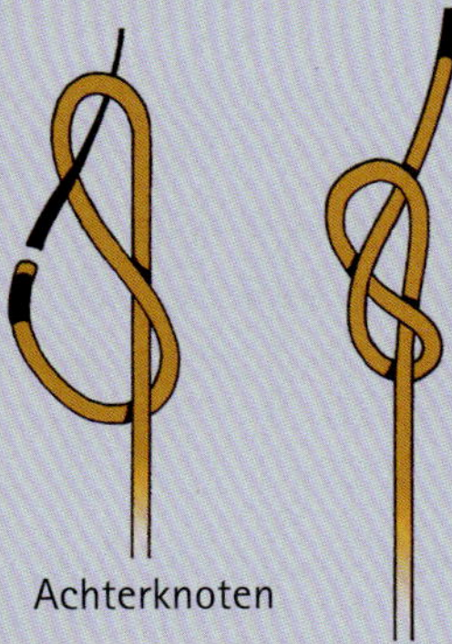

Achterknoten

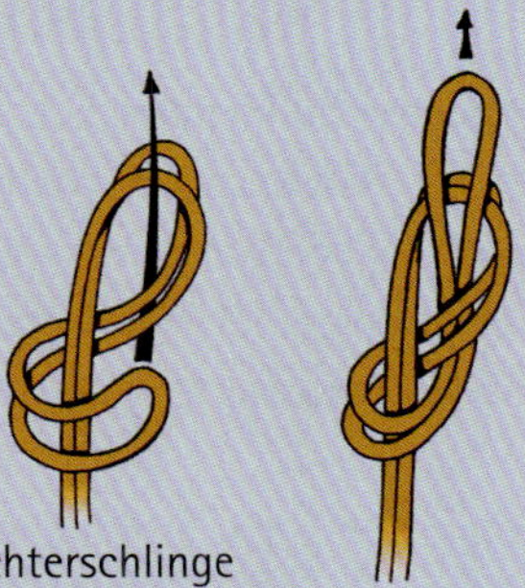

Achterschlinge

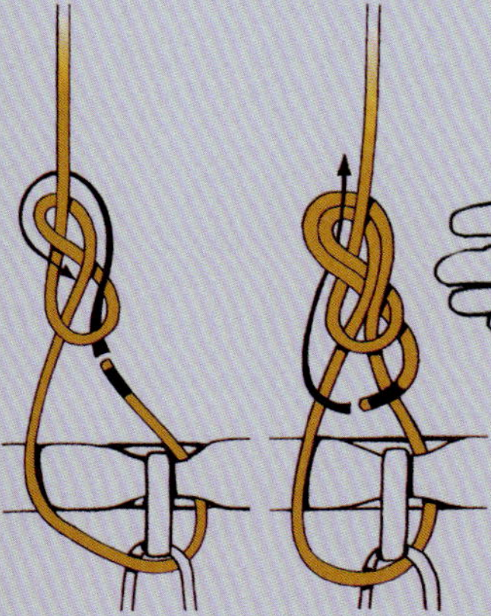

Gesteckte Achterschlinge als Anseilknoten

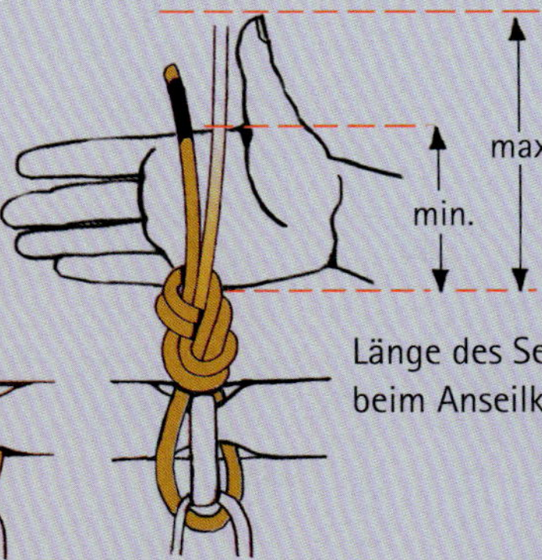

Länge des Seilendes beim Anseilknoten

■ Doppelter Bulinknoten

Gegenüber dem Gesteckten Achter besitzt der doppelte Bulin als Anseilknoten den Vorteil, dass sich der Knoten auch nach großer Sturzbelastung problemlos öffnen lässt. Deshalb wird der doppelte Bulin beim Sportklettern gerne verwendet.

Achtung: Nur in der Ausführung als „Doppelter Bulin" darf dieser Knoten zum Anseilen verwendet werden!

Doppelter Bulin als Anseilknoten

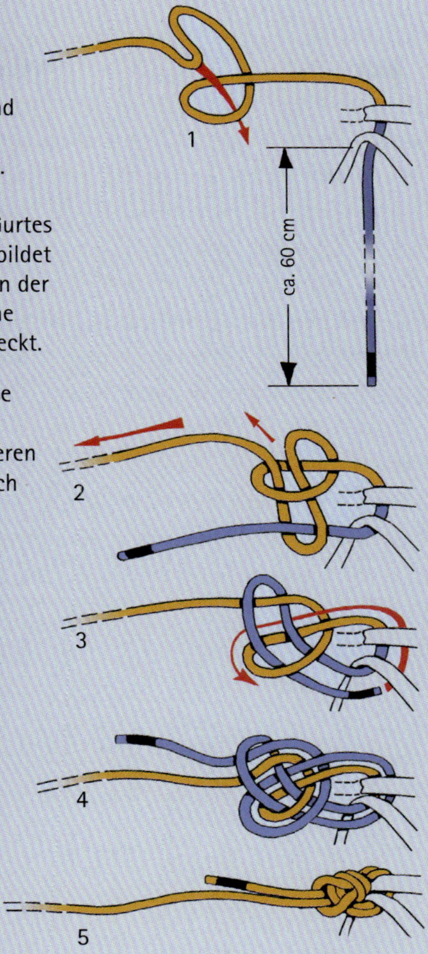

1) Seilende von oben durch Gurtschlaufe und Beinschlaufe führen. Das Seilende hängt ca. 60 cm nach unten. Im Seil oberhalb des Gurtes wird eine Schlaufe gebildet und durch diese, wie in der Abbildung gezeigt, eine weitere Schlaufe gesteckt.

2) Seilende durch diese Schlaufe ziehen, anschließend am anderen Seil ziehen, so dass sich die Schlaufe dreht.

3) Seilende von unten durch Beinschlaufe und Gurtschlaufe führen und dem Seilverlauf folgen.

4) Bild des Seilverlaufes.

5) Während des Knüpfens Knoten laufend festziehen.

■ **„Weiches Auge"** (Doppelter Bulinknoten in Bandschlinge)
Diese Variante des Doppelten Bulinknotens findet beim Standplatzbau zur Herstellung des sogenannten „Weichen Auges" mit einer 120 cm-Bandschlinge Anwendung. Bei der Herstellung auf parallelen Verlauf der Schlingen achten.

Tipp: Da die Herstellung relativ zeitaufwändig ist, wird das „Weiche Auge" einmalig in die Bandschlinge geknotet und während der Tour nicht mehr geöffnet („Vorbereitete Standplatzschlinge").

■ **Prusikknoten**
Der wichtigste Klemmknoten in der Rettungstechnik und zur Absturzsicherung beim Abseilen. Für eine sichere Klemmwirkung muss die Reepschnur mind. 3 mm dünner sein als das Seil.

Achtung: Nur bei paralleler Anordnung der Reepschnurstränge ist die Klemmwirkung gewährleistet.

Tipp: Reicht die Klemmwirkung der Reepschnur (5 - 6 mm) nicht aus, muss den zwei Umschlingungen eine dritte hinzugefügt werden.

„Weiches Auge"

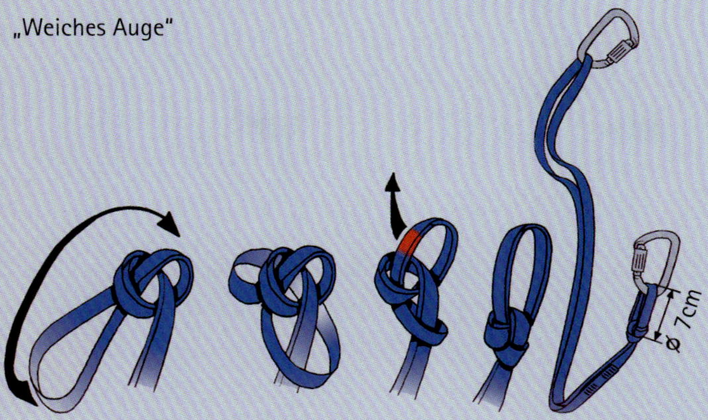

Prusik:
Parallele Führung der Reepschnurstränge!

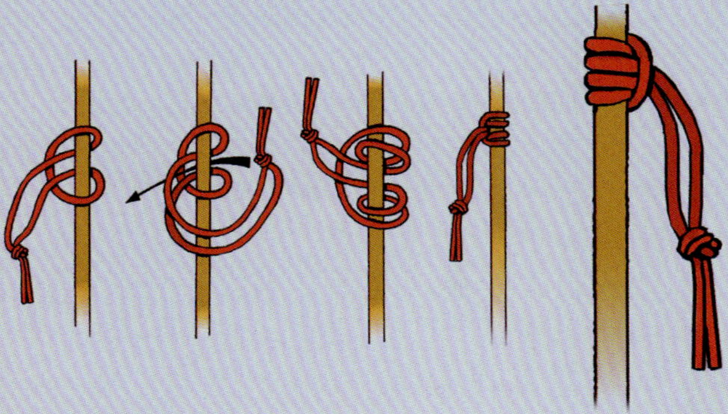

■ Bandschlingen-Klemmknoten

Mit diesem Knoten klemmen auch moderne, sehr schmale Bandschlingen perfekt. Bandschlingen werden dadurch zum vollwertigen Reepschnurersatz.

Tipp: Die Schlaufe am Beginn möglichst kurz halten und auf saubere Anordnung der Umschlingungen achten. Drei, bei sehr glatten und dünnen Seilen vier Windungen nach unten wickeln.

■ Halbmastwurf

Der universelle Knoten für die Partnersicherung im alpinen Bereich und in Mehrseillängen. Egal mit welchem Sicherungsgerät wir in unterschiedlichen Situationen sichern, die Halbmastwurf-Sicherung (HMS) muss als Basis für das Klettern beherrscht werden. Die HMS darf nur in Verbindung mit einem HMS-Karabiner (birnenförmiger Karabiner mit Verschlusssicherung) angewendet werden.

Nachteil: Krangelbildung, Bedienung etwas kraftaufwändig.

Wichtig: Die HMS immer so einlegen, dass das Bremsseil über den geschlossenen ("gesunden") Schenkel läuft.

Bandschlingen-Klemmknoten

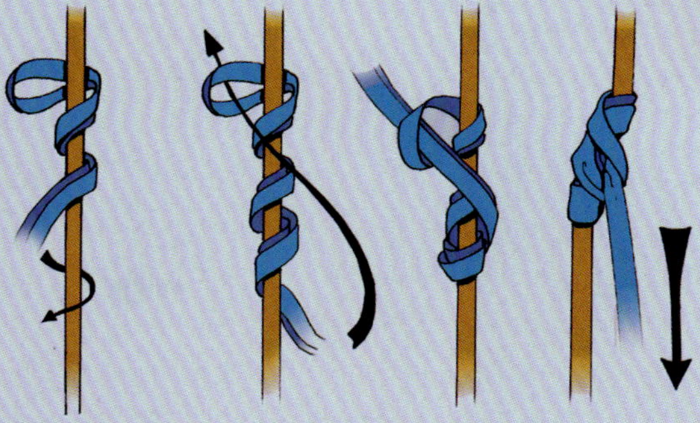

Halbmastwurf-Sicherung (HMS) am Fixpunkt

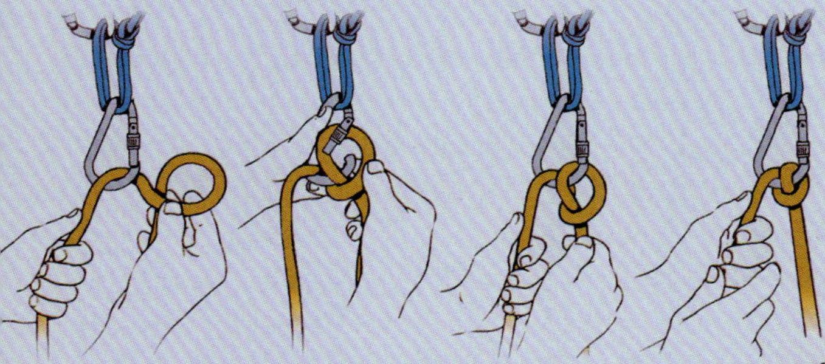

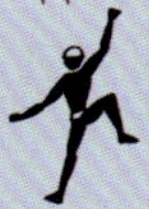

Halbmastwurf-Sicherung (HMS) bei Körpersicherung am Hüftgurt

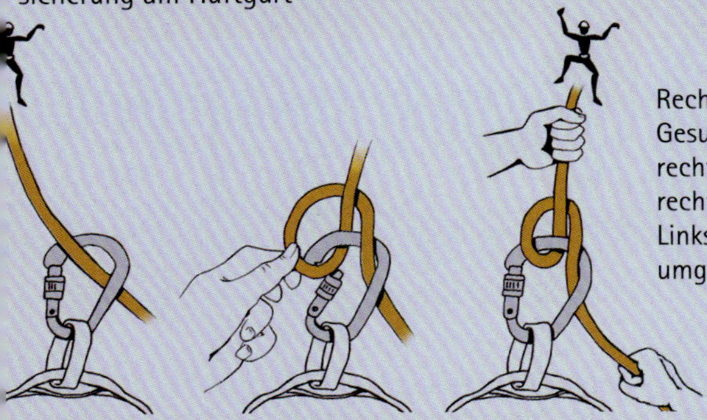

Rechtshänder: Gesunder Schenkel rechts, Bremshand rechts. Linkshänder: umgekehrt.

■ Mastwurf

Der elementare Knoten für die Selbstsicherung am Standplatz. Ohne den Knoten zu lösen, kann die Länge der Selbstsicherung individuell eingestellt werden. Der Mastwurf ist auch nach starker Belastung gut lösbar. Der Mastwurf soll auch mit einer Hand hergestellt werden können – nützlich bei extremen Standplätzen und in der Rettungstechnik.

Tipp: Bei Verwendung von Oval- oder HMS-Karabinern lässt sich der Mastwurf leichter verstellen und lösen. In Mehrseillängen sollte das Legen des Mastwurfs einhändig beherrscht werden.

■ Ankerstich

Verwendet wird der Ankerstich zur Fixierung der Abseilschlinge im Anseilring, zum Abbinden von Normalhaken und zur Fixierung von Bandschlingen am Pickel (T-Anker). Der Ankerstich wird auch verwendet, um Klettersteigset und Gurt zu verbinden.

■ Weberknoten

Gut geeignet zum Abbinden von gespannten Reepschnüren oder Seilen, da die Zugspannung erhalten bleibt. Auch nach starker Belastung gut lösbar.

Achtung: Der unbelastete Weberknoten kann sich von selbst lösen!

Mastwurf - der ideale Knoten für die Selbstsicherung

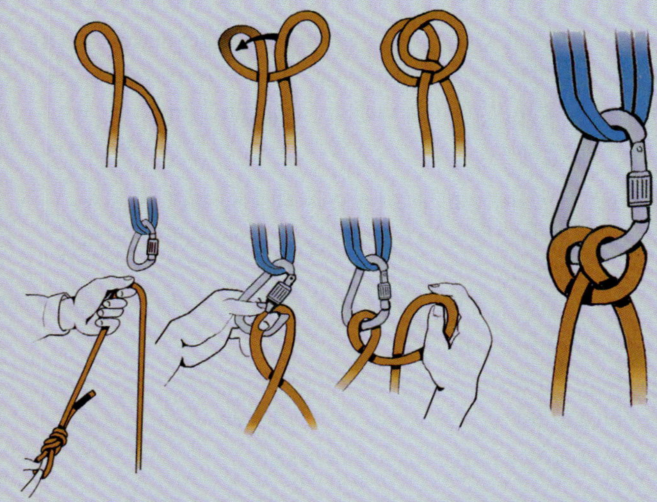

Ankerstich zum Abbinden eines Normalhaken

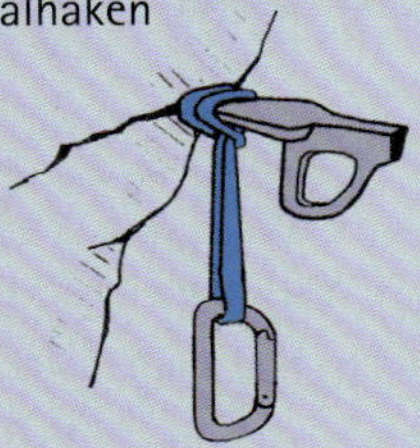

Ankerstich am Pickel

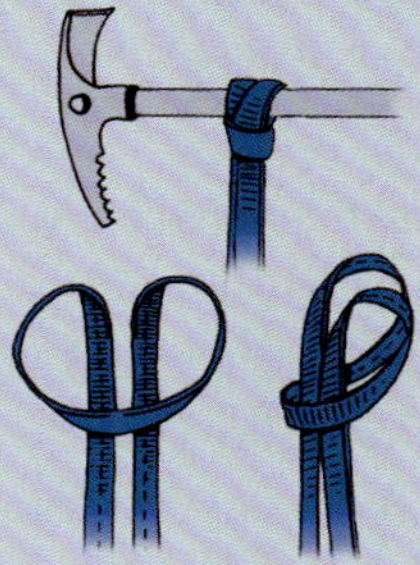

Weberknoten

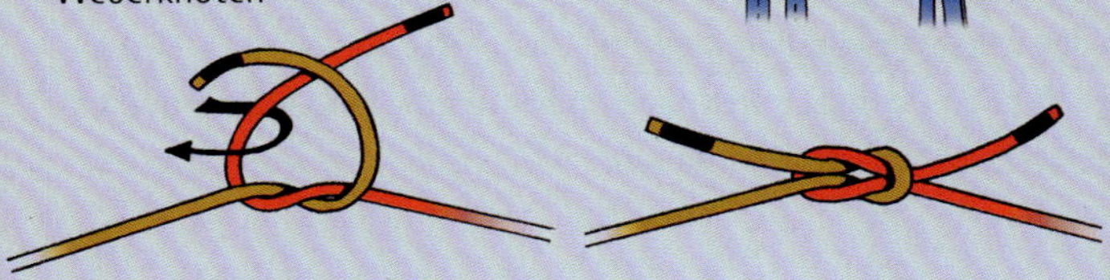

Spierenstich

Der Spierenstich ist ein Sackstichknoten, der über ein Seil bzw. eine Reepschnur geknotet wird. Wir verwenden ihn in der Rettungstechnik. Bei Materialien mit sehr glatter Oberfläche (Dyneema) oder bei permanenten Seilverbindungen soll der doppelte Spierenstich verwendet werden.

Achtung: Zur Verbindung der Seile beim Abseilen darf der Spierenstich wegen der größeren Gefahr des Verklemmens keinesfalls verwendet werden!

Gesteckter Sackstich

Das Anseilen mit gestecktem Sackstich („Führerknoten") kann in der Dreierseilschaft (Mittelmann) oder in der Gletscherseilschaft eine Alternative zum Anseilen mit Karabinern sein.

Vorteil: Man ist direkt eingebunden und benötigt keine Karabiner.

Tipp: Ausnahmsweise wird der gesteckte Sackstich direkt in den Anseilring geknotet.

Schmetterlingsknoten

Der Schmetterlingsknoten dient zur Herstellung einer Schlaufe an einer beliebigen Stelle im Seil (allerdings nicht am Seilende!). Gegenüber der Sackstich- oder auch Achterschlaufe hat er den Vorteil, dass er auch nach starker Belastung leicht geöffnet werden kann.
In der Gletscherseilschaft stellt der Schmetterlingsknoten - besonders für den Übungsbetrieb „Spaltenbergung" - eine Alternative zur Sackstichschlinge als Bremsknoten dar.

Spierenstich

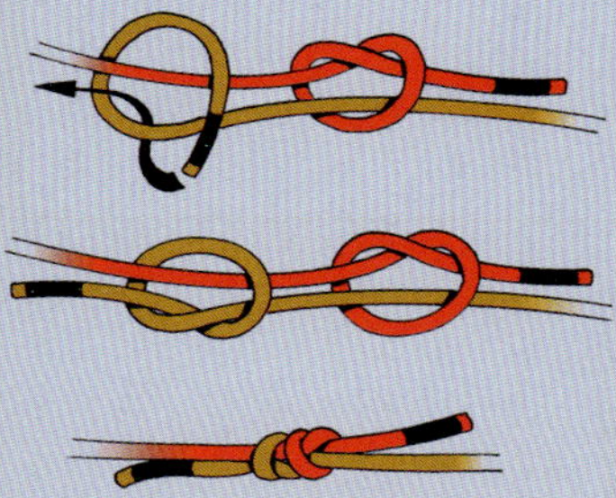

Doppelter Spierenstich

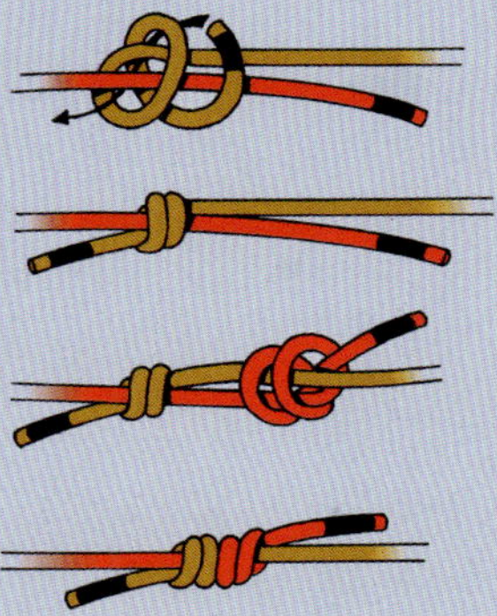

Gesteckter Sackstich

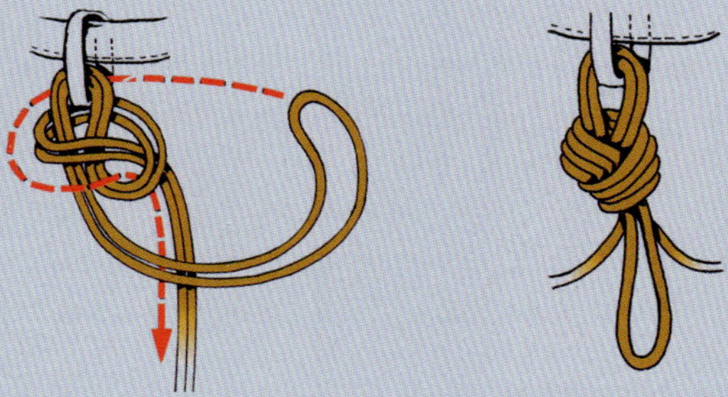

Schmetterlingsknoten

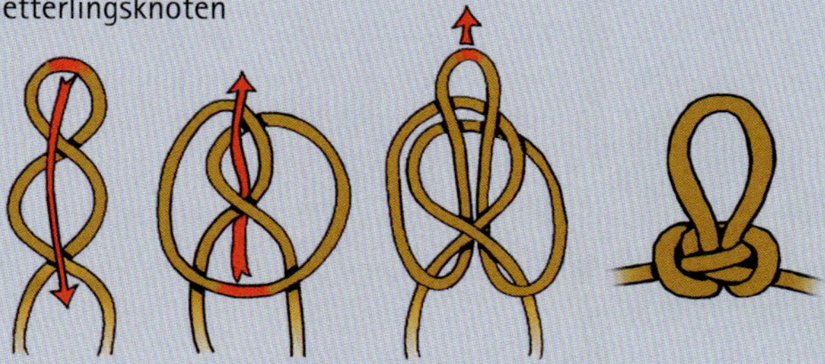

anseilen

Mit „Anseilen" bezeichnen wir die Technik, unseren Klettergurt mit dem Seil zu verbinden. Anseilmethoden umfassen zum einen die verschiedenen Gurtsysteme, zum anderen die Methoden des Einbindens - wie wir das Seil oder das Klettersteigset mit dem Gurt verbinden.

hüftgurt

Der Hüftgurt mit dem Anseilpunkt in Höhe des Körperschwerpunktes ist heute die Standard-Anseilmethode. Der Hüftgurt bietet denselben Sicherheitsstandard wie die früher favorisierte kombinierte Anseilmethode (Sitz- und Brustgurt) mit dem Anseilpunkt auf Brustbeinhöhe. Voraussetzung dafür ist allerdings der perfekte Sitz des Hüftgurtes, der bei Kindern und stark übergewichtigen Personen nicht gegeben ist.

Achtung: Schwere Rucksacklasten, ungenügende Passform aufgrund schlecht ausgeprägter Hüfte oder schlechter Trainingszustand erfordern die kombinierte Anseilmethode mit Hüftgurt und Brustgurt.

Gurtverschluss: Moderne Hüftgurte sind mit Doppelschnallen ausgestattet, die ein Lösen und Festziehen des Gurtbandes ermöglichen, ohne dass dieses aus- oder rückgefädelt werden muss. Veraltete Modelle, die ein aktives Rückfädeln erfordern, sollten ersetzt werden!

Wichtig: Die Kontrolle der Passform sowie der Gurtschnallen ist eine Standardmaßnahme im Rahmen des Partnerchecks!

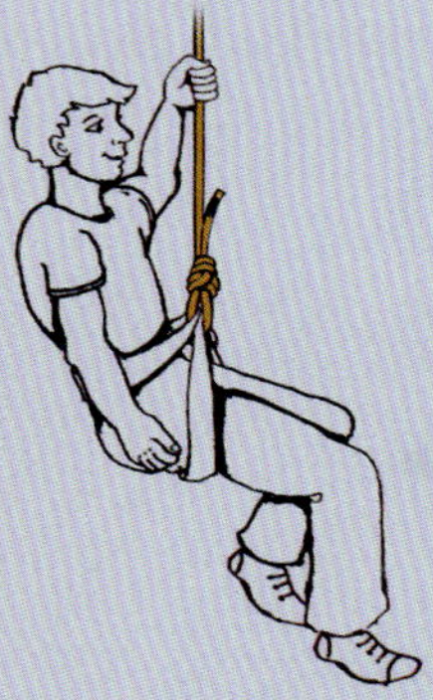

Typische Hängeposition mit Hüftgurt. Ohne Körperspannung hängt man kopfüber.

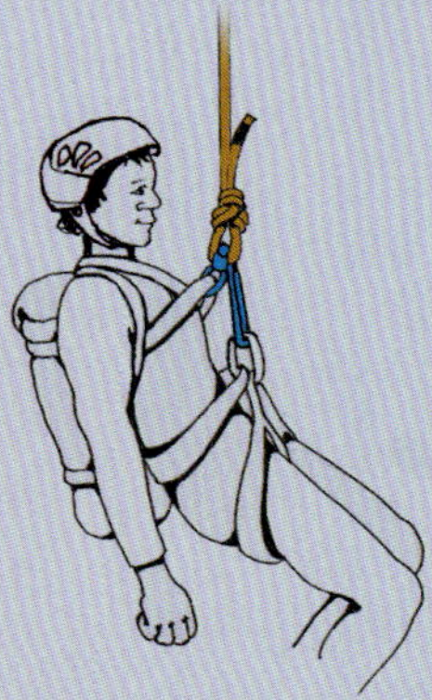

Kombinierte Anseilmethode mit Hüft- und Brustgurt. Auch ohne Muskelarbeit ist eine Kopf-oben-Position gewährleistet.

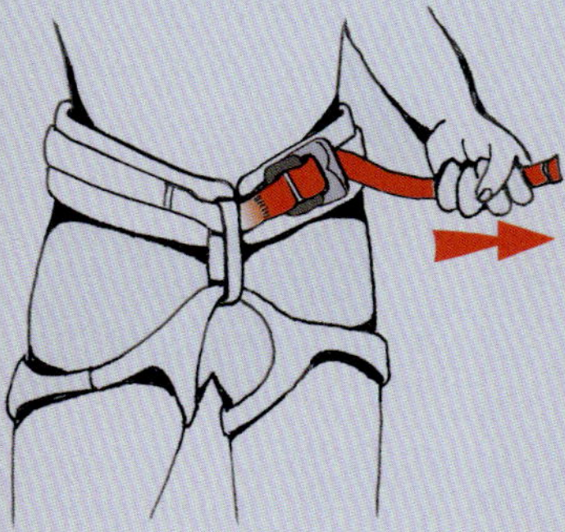

Wichtig: Hüftgurt festziehen! Der festgezogene Hüftgurt muss die Taille eng umschließen und auf den Hüftbeinkämmen aufsitzen.

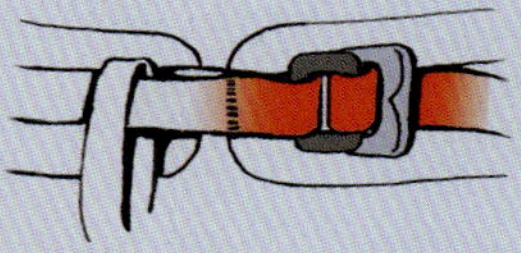

Modernes Doppelschnallensystem (Slide Bloc-Schnalle), bei dem ein Rückfädeln nicht notwendig ist.

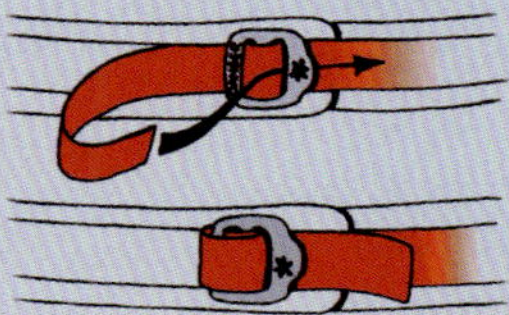

Veraltetes Hüftgurtmodell, das aktives Rückfädeln erfordert.

■ Direktes Einbinden in das Seil

Direktes Einbinden ist die ideale Verbindung zwischen Seil und Gurt. Dabei wird das Seil parallel zum Anseilring des Hüftgurts eingeknotet. Der gesteckte Achterknoten ist der bevorzugte Anseilknoten. Als Alternative hat sich beim Sportklettern der doppelte Bulinknoten etabliert.

Wichtig: Der Seilring, der beim Einbinden entsteht, sollte einen möglichst kleinen Durchmesser haben - etwas kleiner als der fixe Anseilring. Die Länge des überstehenden Seilendes soll mindestens eine Handbreite, maximal eine Handbreite plus Daumenlänge betragen.

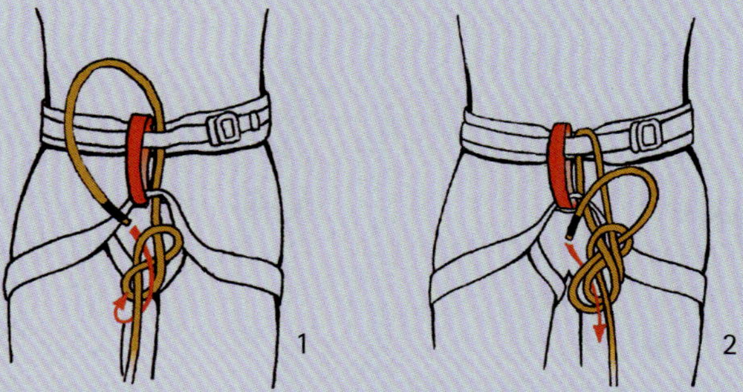

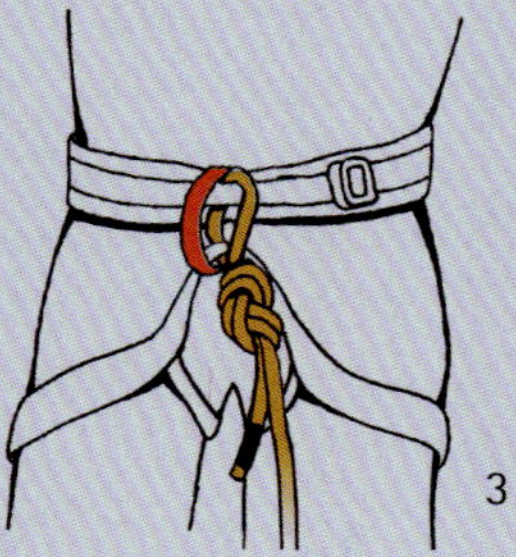

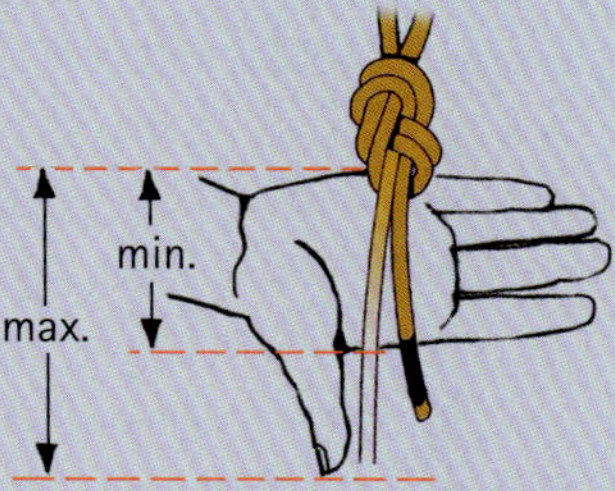

Direkt einbinden mit gestecktem Achterknoten. Das Seil wird dem Anseilring des Hüftgurts nachgeführt. Seilschlinge möglichst klein halten!

Länge des Seilendes beim Anseilknoten

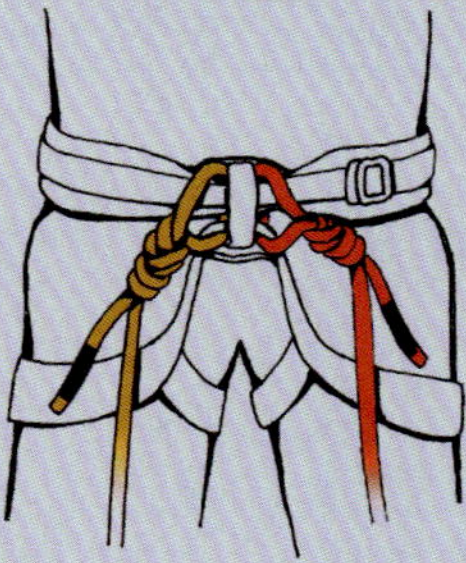

Direkt einbinden mit Halbseilen oder Zwillingsseilen. Ein Seil wird links, eines rechts vom Anseilring eingeknotet.

■ Anseilen mit Karabiner

Ist direktes Anseilen nicht möglich (z. B. in der Gletscherseilschaft) oder zu zeitraubend (z. B. bei der Betreuung eines Kletterturms), können Seil und Klettergurt mittels Karabiner verbunden werden. Dabei müssen unbedingt Karabiner mit Verschlusssicherung verwendet werden.

Achtung: Ein einziger Karabiner ist zum Anseilen nur dann zu empfehlen, wenn dieser ein 3-Wege-Karabiner bzw. Safelock-Karabiner ist. Das ist ein Karabiner, dessen Verschlusssicherung drei Bewegungen zum Öffnen benötigt: Schieben-drehen-Schnapper öffnen oder drücken-drehen-Schnapper öffnen. Alternativ können zwei Schrauber gegengleich eingehängt werden.

■ Anseilen mit gestecktem Sackstich („Führerknoten")

Das Anseilen mit gestecktem Sackstich (siehe Kapitel „Knoten") kann in der Dreierseilschaft (Mittelmann) oder in der Gletscherseilschaft eine Alternative zum Anseilen mit Karabinern sein. So ist man direkt eingebunden und benötigt keine Karabiner.

■ Anseilen mit Ankerstich

Der Ankerstich bietet eine weitere Möglichkeit, sich ohne Karabiner in der Dreierseilschaft oder bei Gletscherseilschaften einzubinden.

Nachteil: Wenn das Seil belastet ist, kann man sich nicht vom Seil lösen.

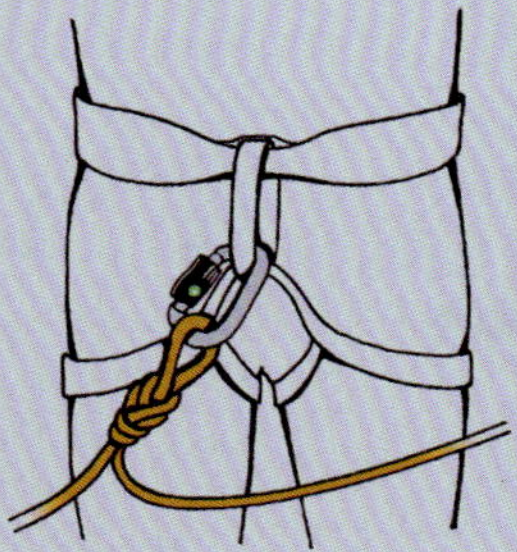

Anseilen mit
3-Wege-Karabiner

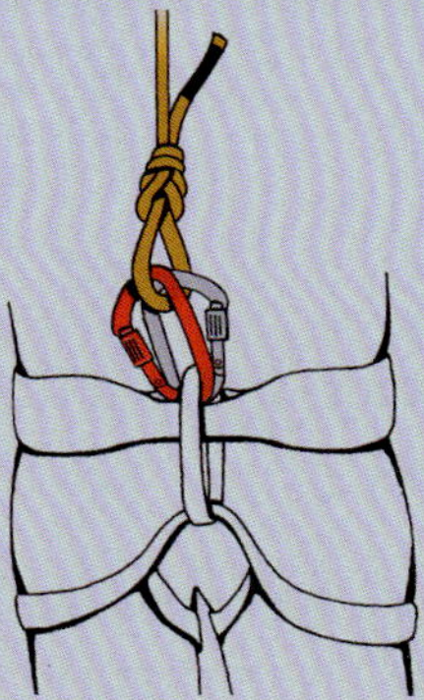

Anseilen mit zwei Schraubern und Achterschlinge. Die Schrauber werden gegengleich in den Anseilring gehängt.

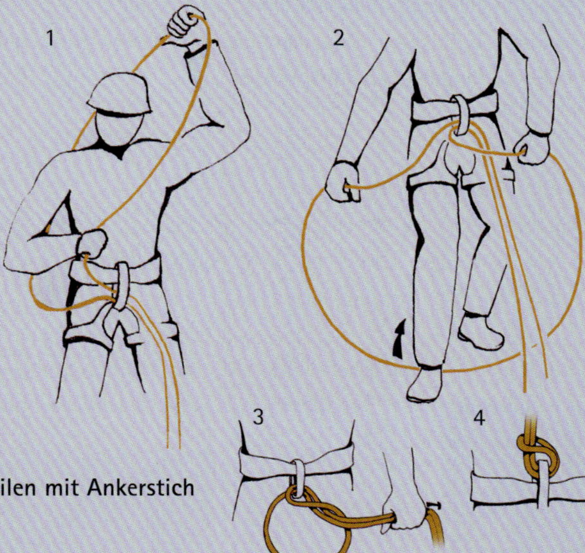

Anseilen mit Ankerstich

kombination hüftgurt und brustgurt

■ Verbindung mit Achterband

Mit einem ca. 120 cm langen Band oder einer Dyneema-Reepschnur werden Hüft- und Brustgurt verbunden. Ein Sackstich-
knoten knapp unterhalb des Brustbeins bildet den Anseilpunkt.
Oben werden Band oder Reepschnur mit einem Sackstichknoten geschlossen.
Direktes Einbinden stellt auch hier die ideale Verbindung zwischen Seil und Gurt dar. Das Seil muss dabei um den Sackstichknoten und durch beide Schlingen (!) geführt werden.

■ Anseilen mit Karabiner

Anseilkarabiner müssen immer mit einer Verschlusssicherung ausgestattet sein. Verwendet werden ein 3-Wege-Karabiner oder alternativ zwei Schraubkarabiner gegengleich.

Achtung: Niemals Twistlockkarabiner (nur eine Drehbewegung genügt zum Öffnen!) oder Karabiner mit Schiebeverschlüssen als Anseilkarabiner verwenden!

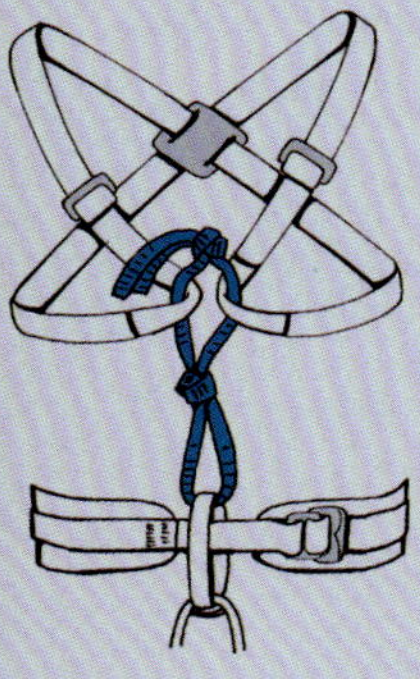

Verbindung Hüftgurt – Brustgurt mittels Achterband.

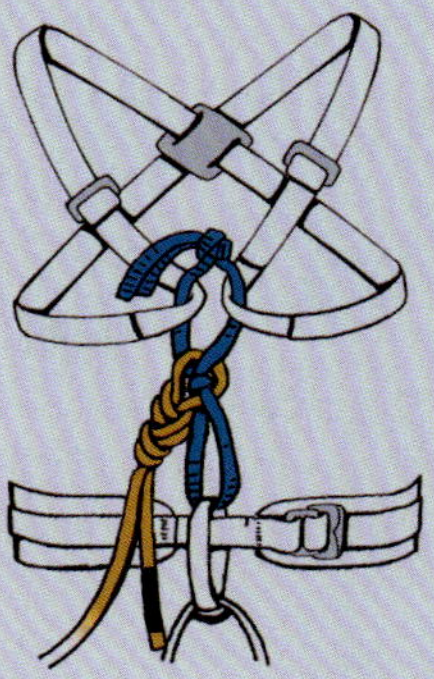

Direkt einbinden mit gestecktem Achterknoten.

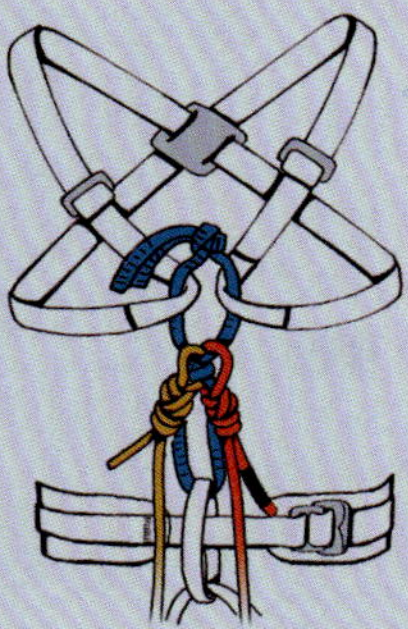

Direkt einbinden mit Halbseilen oder Zwillingsseilen.

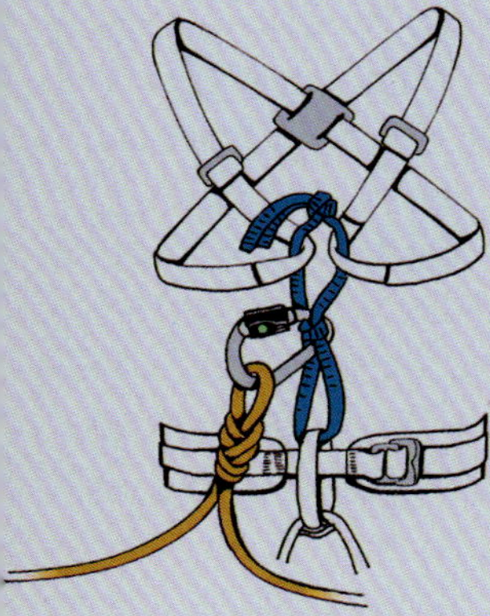

Anseilen mit einem 3-Wege-Karabiner.

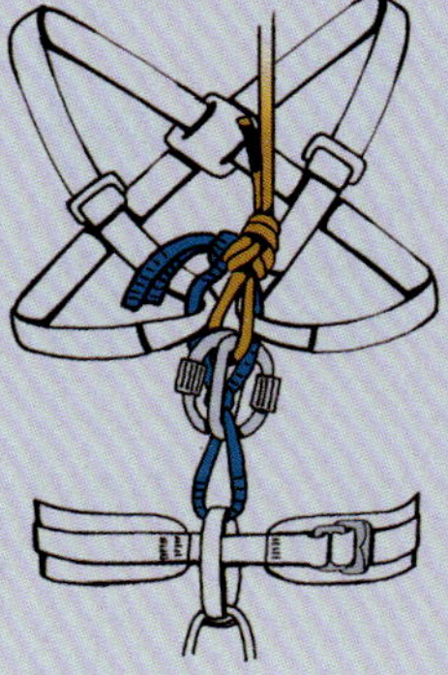

Anseilen mit zwei gegengleich einghängten Schraubkarabinern.

■ Improvisierter Brustgurt

Mit einer 120 cm langen Bandschlinge kann ein Brustgurt improvisiert werden (z. B. für einen Rettungseinsatz).

Tipp: Für den optimalen Sitz muss die Bandschlinge zweimal eingedreht werden.

Achtung: Dieser improvisierte Brustgurt darf ausschließlich in Kombination mit einem Sitz- oder Hüftgurt verwendet werden!

■ Improvisierte Hüftgurt-Brustgurt-Kombination

Der Sitzgurt wird ebenfalls mittels einer 120 cm langen Bandschlinge hergestellt. Die Schlinge um die Hüften legen und den unten liegenden Strang zwischen den Beinen hochziehen. Eine 6 mm-Reepschnur (mind. 1,5 m lang) wird durch die drei Schlingen gefädelt und mittels Ankerstich fixiert.

Nun den improvisierten Brustgurt wie oben herstellen. Anschließend in die Reepschnur in Höhe des Brustbeins einen Sackstichknoten.

Zuletzt die zwei Stränge durch die Brustgurtschlaufen fädeln und mit einem Sackstich verknoten.

Achtung: Diese Anseiltechnik ist eine Notlösung!

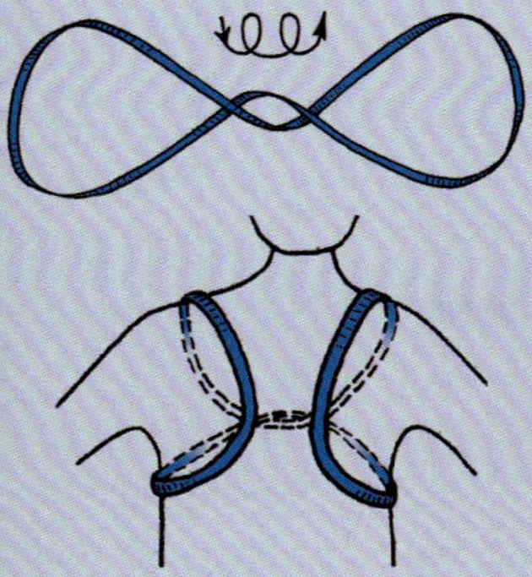

Improvisierter Brustgurt mittels Bandschlinge.

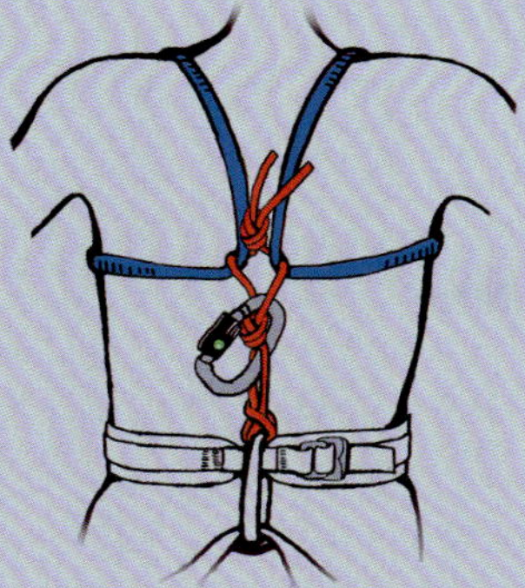

Improvisierter Brustgurt in Kombination mit einem Hüftgurt.

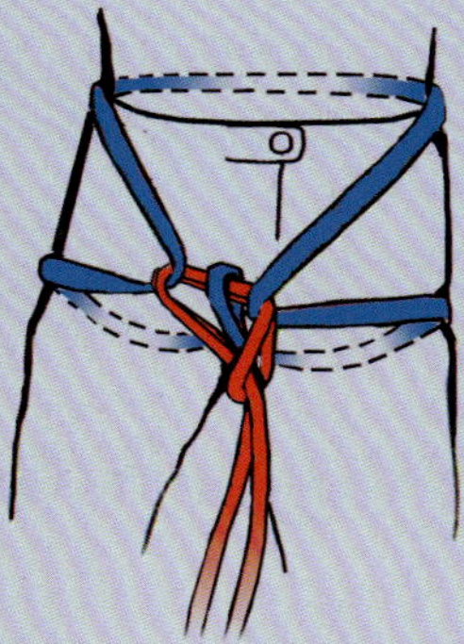

Sitzgurt-Improvisation mittels Bandschlinge. Die Reepschnur wird mittels Ankerstich fixiert.

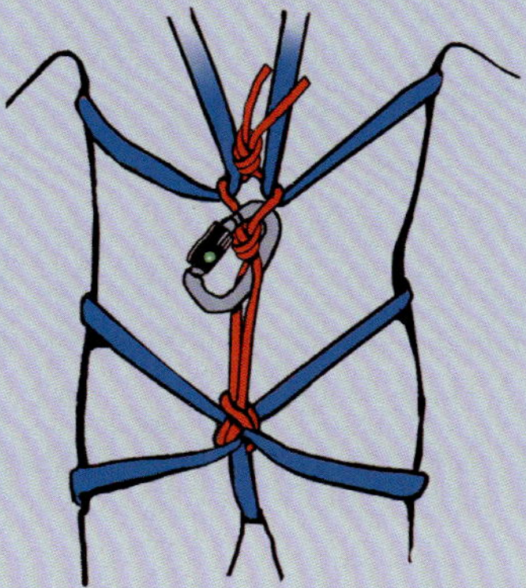

Improvisierte Sitzgurt/Brustgurt Kombination.

klettersteig

Klettersteigsets in Y-Bauweise, bestehend aus Klettersteigbremse und Klettersteigkarabiner, sind heute Standard. Als Klettersteigbremse hat sich das System der "Bandfalldämpfer" etabliert. Bandfalldämpfer bieten gegenüber den klassischen "Reibungsfalldämpfern" Vorteile beim Handling (kein lästiges Bremsseil) und dämpfen den Sturz zuverlässiger.
Klettersteigsets sind mit einer fix eingenähten Bandschlinge ausgestattet, die mit einem Ankerstich am Anseilring des Hüftgurtes befestigt wird. Das ist die ideale Verbindung zwischen Gurt und Set. Andere Verbindungen (z. B. mit Karabiner) bergen Risiken und sind nicht mehr zeitgemäß.
Bei einer Hüft- und Brustgurt-Kombination wird das Klettersteigset mittels Ankerstich im "Achterband" befestigt, beim Kombigurt in den Anseilschlaufen.

Hinweis: Kombi- bzw. Komplettgurte fassen Sitz- und Brustgurt-Funktion in einem einzigen Gurtsystem zusammen. Wir empfehlen, diese Ganzkörpergurte nur auf Klettersteigen oder für Kinder zu verwenden.

Achtung: Stürze am Klettersteig sind tabu! Trotz Klettersteigset besteht immer ein hohes Verletzungsrisiko!

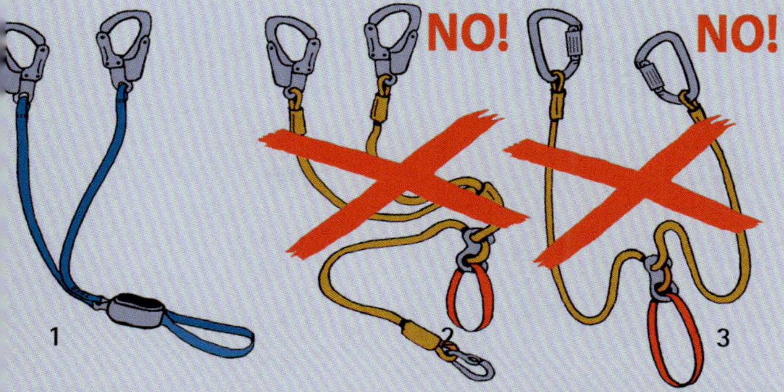

Klettersteigsets in Y-Bauweise:
(1) Bandfalldämpfer, heute Standard.
(2) Reibungsfalldämpfer, veraltet.

(3) Klettersteigset in V-Bauweise, nicht normkonform!

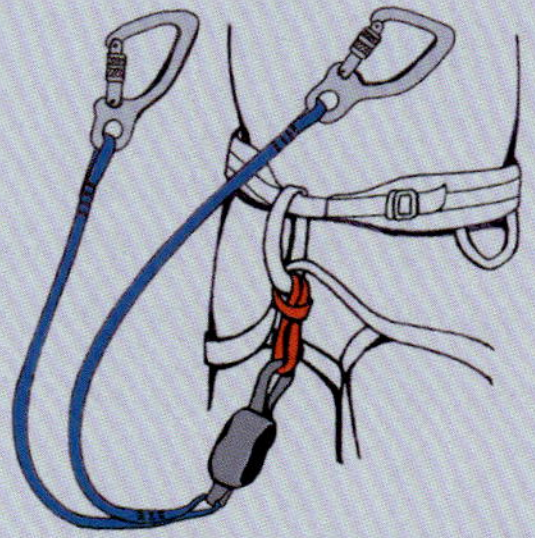

Hüftgurt mit Klettersteigset.
Das Klettersteigset wird mit einem Ankerstich im Anseilring befestigt.

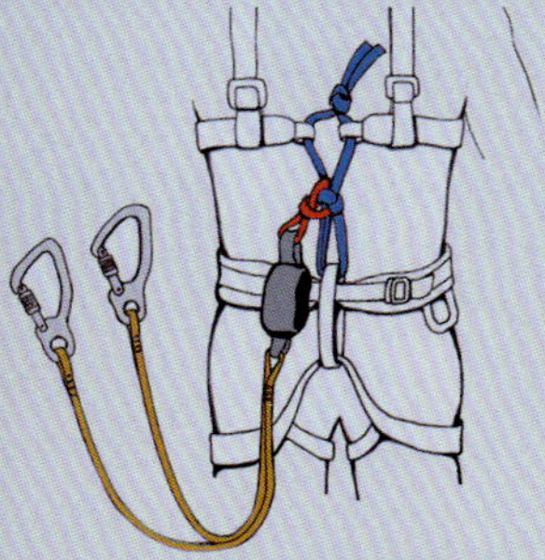

Hüft- und Brustgurt-Kombination mit Klettersteigset.

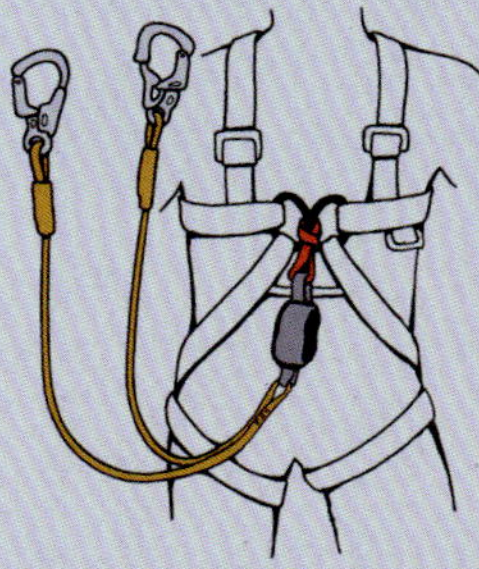

Klettersteigset im Kombigurt.

seil verkürzen

Insbesondere beim Sichern auf Graten und im kombinierten Gelände kann es sinnvoll sein, das Seil zu verkürzen. Das überschüssige Seil wird dabei über die Schulter aufgenommen (1), damit es rasch verfügbar bleibt.

Nach dem Aufnehmen des Seils wird eine Seilschlaufe durch den Anseilring gezogen (2) und um alle Seilschlingen geführt (3). Den Abschluss bildet ein Spierenstich über den ein- und auslaufenden Seilstrang (4).

Achtung: Auf das korrekte Abbinden des Seils ist zu achten. Der Seilzug darf unter keinen Umständen auf die Seilschlingen übertragen werden - Gefahr des Strangulierens!

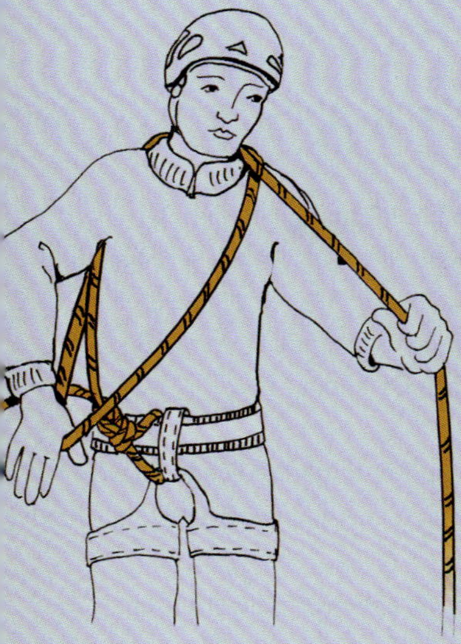

1

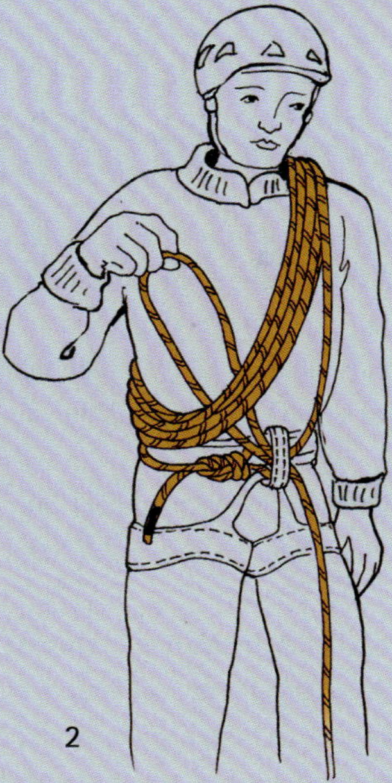

2

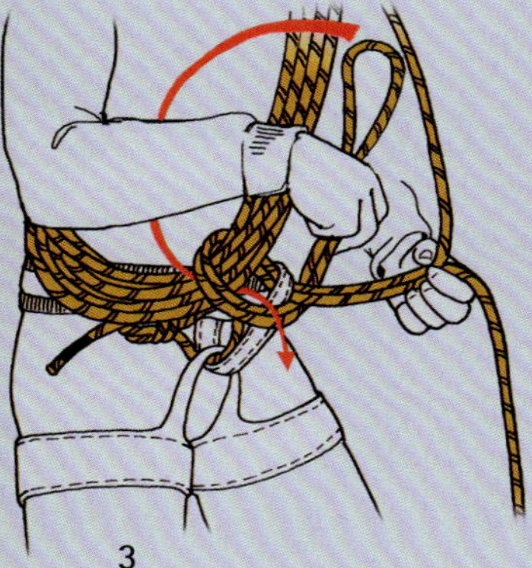

3

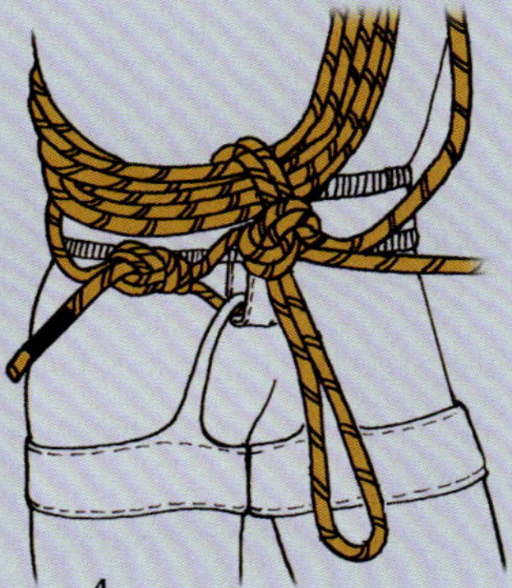

4

sichern in halle und klettergarten

Geklettert wird heute überwiegend in Kletterhallen und Klettergärten. Wesentliche Merkmale: Genormte Zwischensicherungen und Umlenkpunkte, geringe Abstände zwischen den einzelnen Sicherungspunkten, geringe Wandhöhe, der Sichernde steht am Boden und sichert am Körper, keine alpinen Gefahren.

Achtung: Steinschlag oder Stürze in Klettergärten können das Tragen eines Helms für Kletterer und Sichernden notwendig machen!

Unfallursache Nummer eins ist menschliches Fehlverhalten: Fehlerhafte Partnersicherung, mangelnde Aufmerksamkeit und geringes Gefahrenbewusstsein, starke Ablenkung in Hallen, der fast reibungsfreie Seilverlauf durch den geradlinigen Routenverlauf und der Einsatz von Seilen mit geringem Durchmesser.

partnercheck

Vier Augen, vier Hände – Der Partnercheck ist die elementare Standardmaßnahme, auch für Experten!

Wichtig: Der Partnercheck muss unbedingt vor dem Losklettern durch beide Partner aufmerksam und gewissenhaft durchgeführt werden. Nur so können gefährliche Fehlleistungen durch Blackouts, Ablenkung oder Routine verhindert werden.

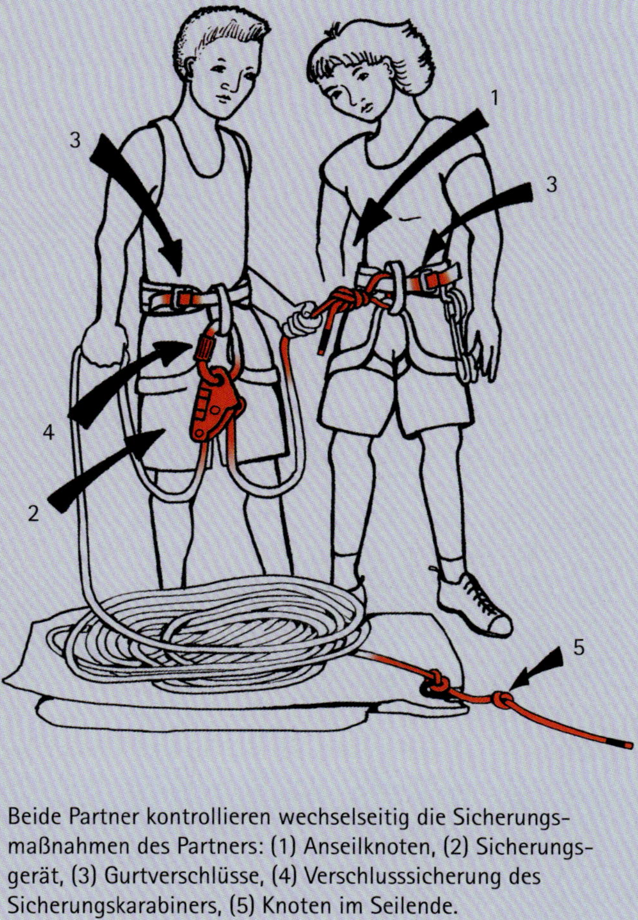

Beide Partner kontrollieren wechselseitig die Sicherungsmaßnahmen des Partners: (1) Anseilknoten, (2) Sicherungsgerät, (3) Gurtverschlüsse, (4) Verschlusssicherung des Sicherungskarabiners, (5) Knoten im Seilende.

Zum Partnercheck gehören:

1. Kontrolle des Anseilknotens (oder der Anseilkarabiner)

2. Kontrolle des Sicherungsgerätes (Blockiertest!)

3. Kontrolle der Verschlusssicherung des Sicherungskarabiners

4. Kontrolle der Gurtverschlüsse

5. Kontrolle des abgeknoteten Seilendes. Bei Verwendung eines Seilsackes: Die Fixierung in der Seilsackschlaufe mit einem Sackstich kann sich bei Zug leicht lösen! Ein zweiter Sackstich im freien Seilende ist daher notwendig.

Wichtig: Der Partnercheck kann Fehler nur aufdecken, wenn die visuelle Prüfung manuell unterstützt wird: durch Angreifen, Ziehen, Drücken. Vier Augen, vier Hände!

partnersicherung

Sichern ist Präzisionsarbeit. Das Leben deines Partners liegt in deinen Händen! Alle Handgriffe – Seil ausgeben, Seil einholen, Blockieren, Ablassen – müssen geübt und korrekt ausgeführt werden, um auch einen unerwarteten Sturz zuverlässig halten zu können.

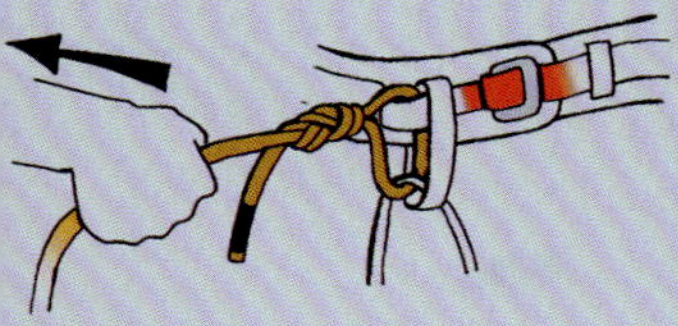

(1) Der Anseilknoten ist richtig geknotet! Seil in die Hand nehmen und kräftig ziehen.

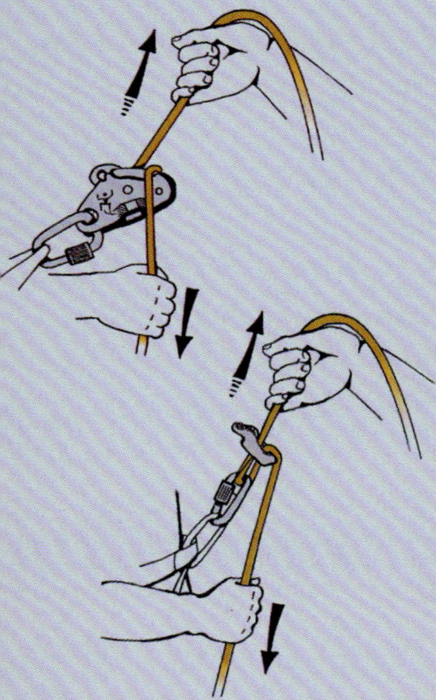

(2) Das Sicherungsgerät ist richtig eingelegt. Blockiertest durch ruckartigen Zug.

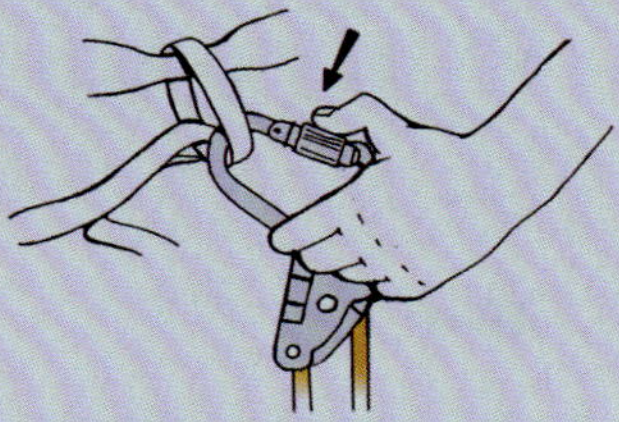

(3) Die Karabiner-Verschlusssicherung: Prüfung mit der Hand.

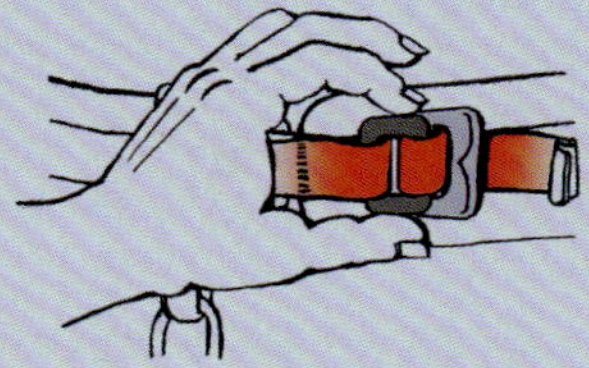

(4) Der Gurt ist festgezogen und rückgefädelt.

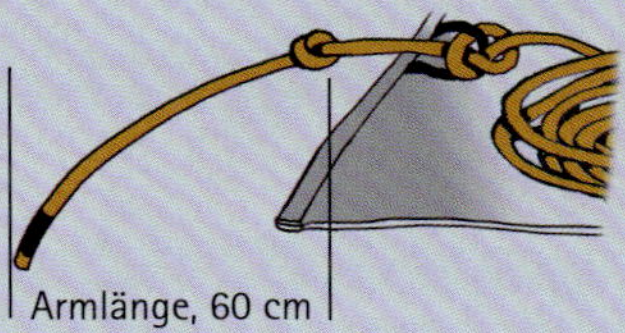

(5) Das freie Seilende ist mit einem Sackstich abgeknotet.

Die Unfallforschung zeigt: Viele Kletterer machen beim Partnersichern regelmäßig Fehler! Aufgrund dieser Erkenntnisse und entsprechend dem heutigen Stand der Technik unterstützen wir klar die Empfehlung der alpinen Vereine:

Zum Sichern beim Klettern in Kletterhallen und Klettergärten empfehlen ÖAV und DAV die Verwendung von halbautomatischen Sicherungsgeräten!

Der Begriff "Halbautomat" bezeichnet alle Sicherungsgeräte mit automatischer Blockierunterstützung (Grigri, Smart, Click Up etc.). Geräte ohne automatischer Blockierunterstützung (Tuber, HMS) werden als "dynamische Sicherungsgeräte" bezeichnet.

Unverzichtbar beim Sichern mit allen Geräten:

- Ausbildung durch qualifizierte Personen.
- Konsequentes Einhalten des "Bremshandprinzips": Die Bremshand umschließt immer das Bremsseil.
- Möglichst wenig Schlappseil.
- Beachtung des Gewichtsunterschieds.
- Richtigen Standort nahe der Wand wählen.
- Bewegungsroutine beim Seil ausgeben, Seil einholen, Blockieren und Ablassen.
- Erfahrung im Halten von Stürzen.
- Ständige Aufmerksamkeit.

Tipp: Sicherungsbrillen entlasten die Halswirbelsäule und erleichtern die Fokusierung auf den Kletterer!

Typische Fehler beim Sichern

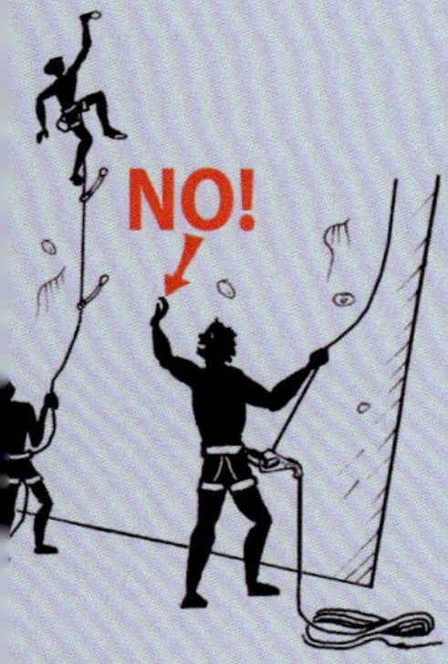

Verletzung des Bremshandprinzips!

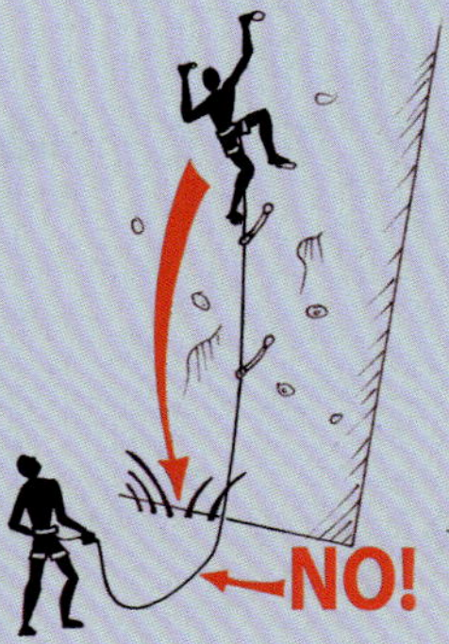

Zu viel Schlappseil!

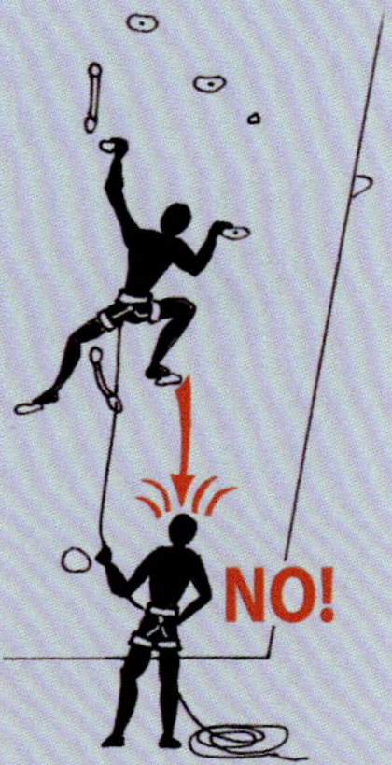

Falscher Standort!

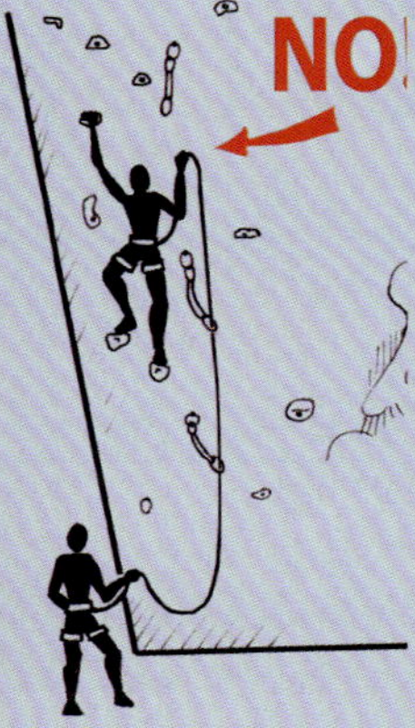

Überstrecktes Einhängen!

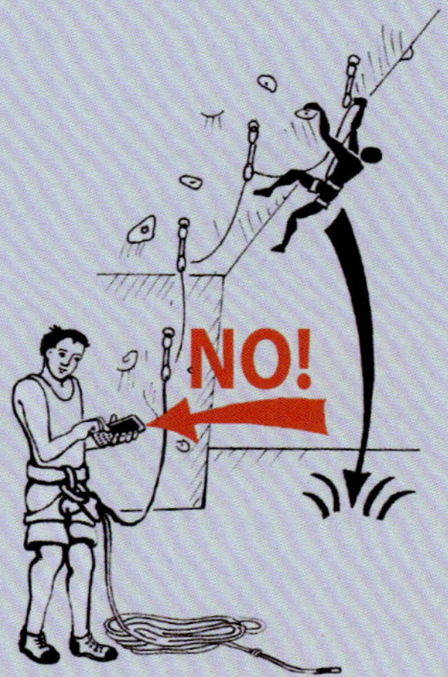

Fehlende Aufmerksamkeit!

■ Sicherungsgeräte mit Blockierunterstützung

Sicherungsgeräte mit Blockierunterstützung sind so konstruiert, dass bei abruptem Seilzug das Seil automatisch (ohne Handkraft) blockiert. Heute differenziert man diese Geräte in zwei Gruppen: "Halbautomaten" und "Autotubes" (umgangssprachlich wird der Begriff Halbautomaten als Überbegriff verwendet). Während bei den "echten" Halbautomaten (Grigri, Eddy, Matik u.a.m.) die Position der Bremshand keinen Einfluss auf die selbstblockierende Wirkungsweise hat, kann bei den Autotubes die falsche Bremshandposition die automatische Blockierwirkung verhindern!
Wichtig: Alle Halbautomaten blockieren sofort. Der Sichernde muss daher dem Sturzzug einen Schritt entgegen gehen oder springen, um den Sturz "weicher" zu machen und den harten Anprall des Stürzenden zu verhindern (= körperdynamisches Sichern).

Halbautomaten

Stärken: Blockieren auch ohne Bremshand. Die Bremshandposition hat keinen Einfluss auf die Bremswirkung.

Fehlerquellen:
- Falsches Einlegen des Seils: Abhilfe durch Blockiertest beim Partnercheck.
- Aufheben des Blockiermechanismus beim schnellen Seil ausgeben durch festes Umschließen des Sicherungsgerätes.
- Kontrollverlust beim Ablassen: Abhilfe durch behutsames Ziehen des Ablasshebels und konsequenter Anwendung des Bremshandprinzips. Zur Optimierung des Ablassvorgangs verfügen Grigri+, Eddy und Matik über eine "Anti-Panikfunktion": Wird der Ablasshebel reflexartig zu weit durchgezogen, blockiert das Seil.

Sichern mit Grigri

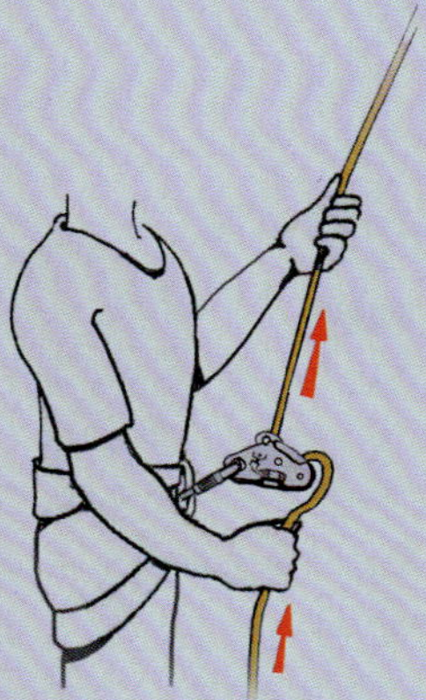

Grundhaltung:
Das Bremsseil wird ständig umschlossen.

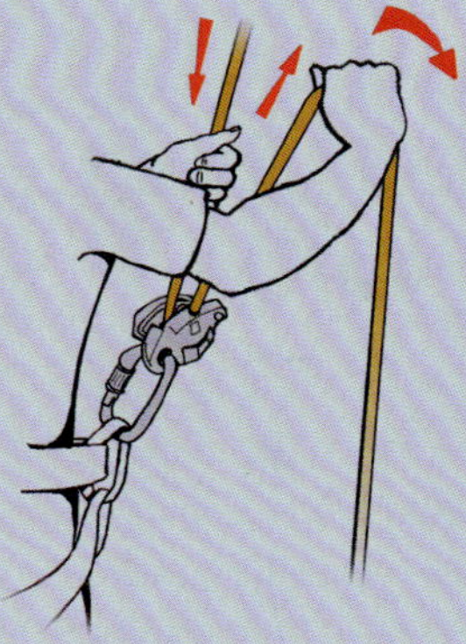

Seil einholen:
Bremshand sofort wieder nach unten führen.

1 2

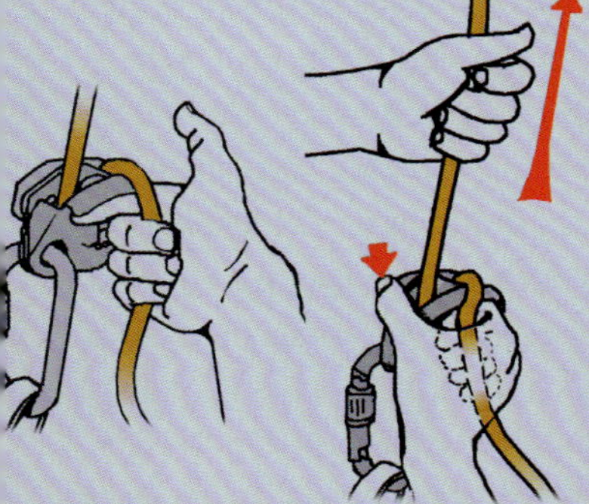

Schnelles Seilausgeben:
(1) Zeigefinger unter der "Lippe" des Grigri platzieren. (2) Alle Finger halten das Seil, der Daumen drückt von oben auf den Ablasshebel.

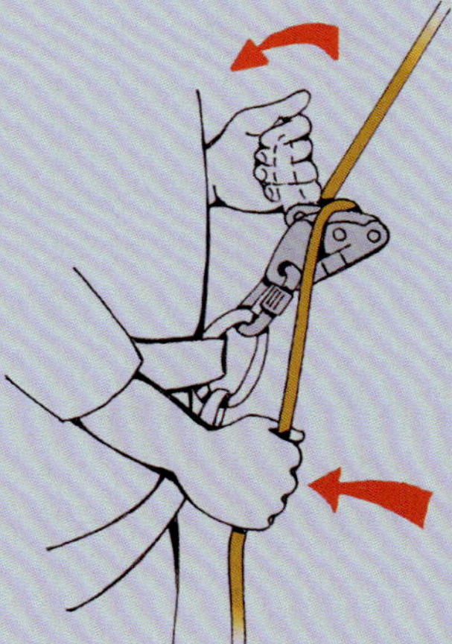

Ablassen:
Bremshandprinzip einhalten!

Autotubes

Zu den Autotubes zählen Smart, Click Up, Mega Jul, Ergo, Fish u.a.m. Bei falscher Bremshandposition blockieren Autotubes nicht automatisch. Falsch ist die Bremshandposition dann, wenn die Bremshand das Bremsseil steil nach oben hält. Zu dieser Bremshandposition kann es beim Seil einholen kommen, da es dabei notwendig ist, das Bremsseil nach oben zu führen. Am deutlichsten ausgeprägt ist dieses "Seileinlaufwinkel-Problem" beim Click Up (bis ca. 45 Grad). Bei den anderen Autotubes besteht diese Gefahr nur, wenn der Winkel zwischen ein- und auslaufendem Seil sehr klein ist.

Sicherungsablauf beim Smart

Seil ausgeben: Mit dem Daumen der Bremshand das Smart an der Nase waagrecht wegziehen. Den Griff um das Bremsseil lockern (Tunnelgriff) und mit der Führungshand das Seil nach oben ziehen.
Seil einholen: (1) Die Führungshand zieht das Seil nach unten, die Bremshand zieht das Seil leicht schräg nach vorne Richtung Führungshand aus dem Smart. (2) Anschließend geht die Bremshand sofort wieder nach unten und gleitet "tunnelnd" am Bremsseil in die Grundhaltung zurück.
Ablassen: Der Daumen der Führungshand wird unter die Nase des Smart gelegt und drückt das Gerät behutsam nach oben. Die Bremshand kontrolliert die Ablassgeschwindigkeit.

Sichern mit Smart

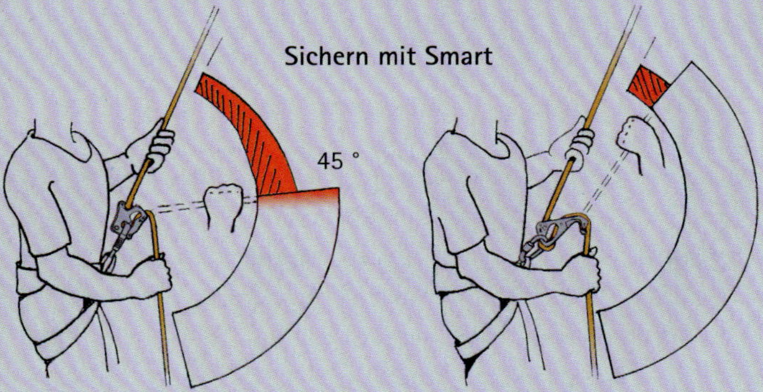

Einfluss der Bremshandposition auf die Blockierfunktion. Beim Clic Up (links) ist der kritische Seileinlauf-Winkel am größten, beim Smart (rechts) und anderen Autotubes sehr gering.

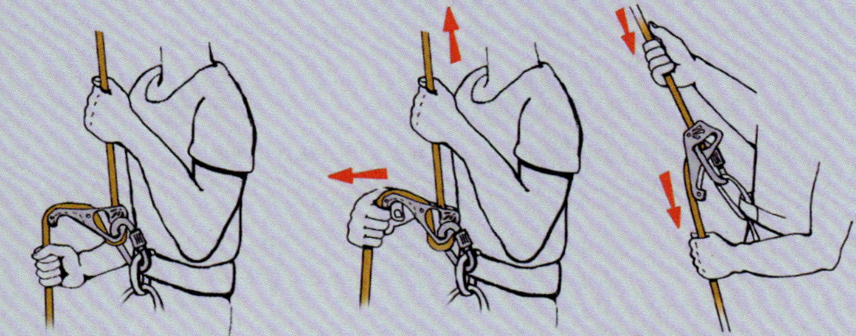

Grundhaltung — Seil ausgeben — Blockieren

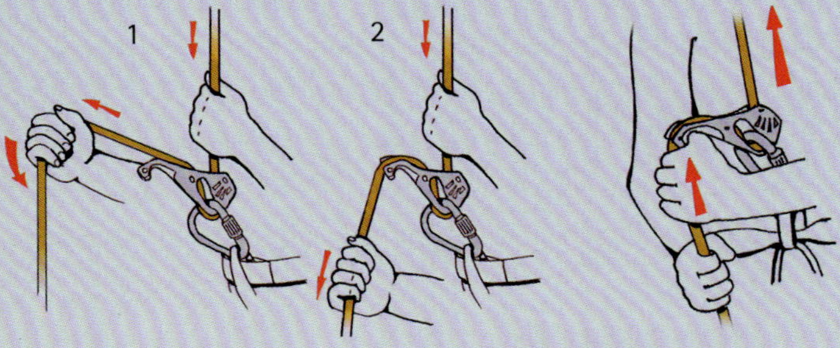

Seil einholen — Ablassen

■ Sichern mit dynamischen Sicherungsgeräten

Während Halbautomaten blockieren und damit statisch wirken, ermöglichen dynamische Sicherungsgeräte (Tuber, HMS) einen Seildurchlauf beim Halten eines Sturzes. Dieser Bremsweg reduziert die Kräfte in der Sicherungskette und macht Stürze "weicher". Zwingend ist bei diesen Sicherungsgeräten das sofortige und kräftige Schließen der Bremshand um das Bremsseil.

Hinweis: Um einen Sturz gerätedynamisch - durch bewussten Seildurchlauf - zu bremsen, braucht man sehr viel Übung und Erfahrung. Realistisch ist körperdynamisches Sichern durch Mitspringen.

Sichern mit Tuber

Beim Sportklettern waren Sicherungsgeräte vom Typ Tuber früher stark verbreitet. Inzwischen sind sie weitgehend von halbautomatischen Sicherungsgeräten abgelöst worden.

Stärken: Schnelles Seil einholen und Seil ausgeben, dynamische Bremswirkung, keine Krangelbildung, strenge Seiltrennung bei Doppelseil, ideales Abseilgerät.

Schwächen: Anspruchsvolles Sicherungsgerät, das volle Aufmerksamkeit erfordert und keine Fehler verzeiht. Die Bremswirkung erfordert zwingend die Handkraft des Sichernden.

Achtung: Tuber können ihre Bremskraft nur entwickeln, wenn das Bremsseil nach unten gehalten wird! Beim Seil einholen muss daher die bogenförmige Bewegung der Bremshand schnell und dynamisch ausgeführt werden.

Tipp: Nur Tuber mit Bremsrillen verwenden!

Sichern mit Tuber:

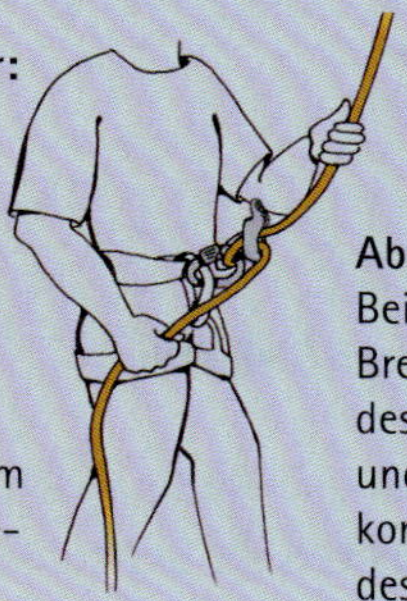

Grundhaltung: Bremshand unterhalb des Geräts, seitlich am Oberschenkel, ca. 30 cm vom Sicherungsgerät entfernt.

Ablassen: Beide Hände sind am Bremsseil unterhalb des Sicherungsgeräts und steuern den kontrollierten Durchlauf des Bremsseils.

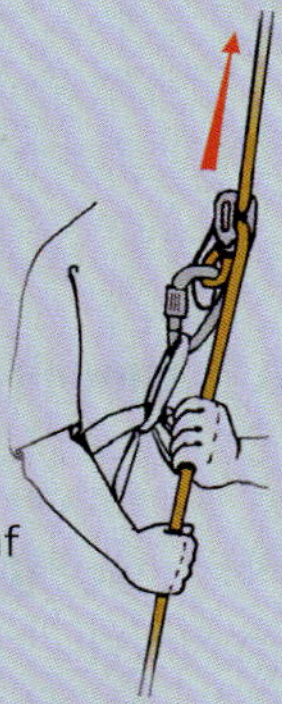

Blockieren: Bremshand und Führungshand bleiben in der Grundhaltung.

Seil ausgeben mit Tuber:
(1) Hände gleiten im "Tunnelgriff" nach unten, (2) Führungshand zieht, Bremshand schiebt das Seil nach oben. (3) Bremshand "tunnelt" zurück in die Grundhaltung.

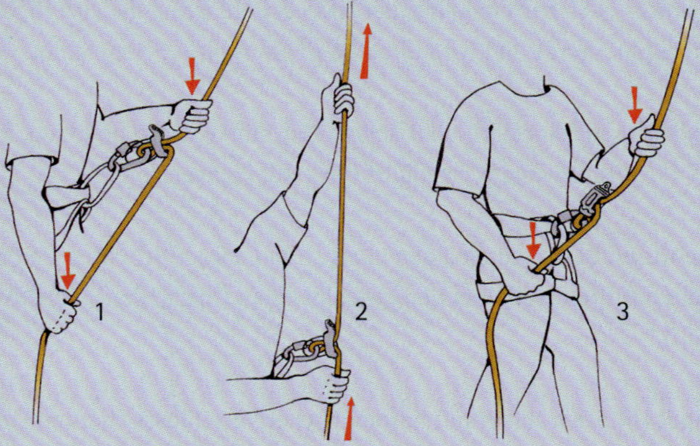

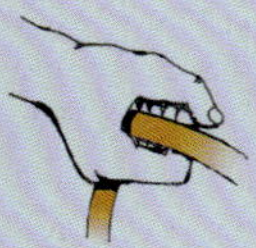

Tunnelgriff: Beim Einholen und Ausgeben des Seils gleitet die Bremshand - immer das Seil umschließend - nach oben oder unten.

■ Sichern mit HMS (Halb-Mastwurf-Sicherung)

Das Sichern mit HMS in Kletterhallen und Klettergärten ist nicht mehr zeitgemäß. Da die HMS eine universelle Sicherungsmethode ist, die grundsätzlich auch für das Sportklettern geeignet ist, soll diese Sicherungsmethode - eingeschränkt auf das Sichern am Körper - an dieser Stelle vorgestellt werden. Zum Sichern und Ablassen mit HMS im Fixpunkt siehe Kapitel "Partnersichern am Standplatz".

Stärken: Hohe Bremskraft ("gutmütige" Sicherungsmethode), dynamisches Sichern möglich, der HMS-Karabiner ist gleichzeitig das Sicherungsgerät und wird direkt in den Anseilring eingehängt.

Schwächen: Blockiert nicht selbsttätig, starke Krangelbildung, Bedienung kraftaufwändig, Seil läuft über Seil (Seilverschleiß).

Achtung: Beim Seil einlegen muss streng darauf geachtet werden, dass das Bremsseil über den geschlossenen ("gesunden") Schenkel läuft.

Tipp: HMS-Karabiner mit automatischer Verschlusssicherung stellen sicher, dass der HMS-Karabiner verlässlich geschlossen ist.

Seil einholen mit Tuber:
(1) Bremshand rutscht nahe zum Sicherungsgerät, Führungshand nach oben. (2) Bremshand zieht Bremsseil nach oben und (3) zieht das gespannte Seil bogenförmig sofort wieder nach unten. Gleichzeitig zieht die Führungshand das Seil nach unten.

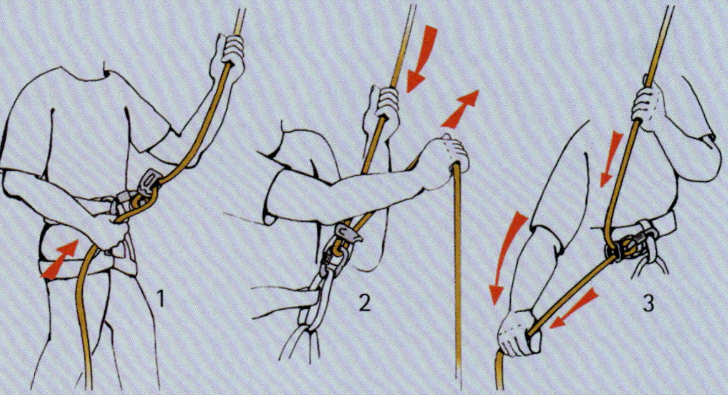

Körpersichern mit HMS:
Seilausgeben, Seileinholen und Blockieren sind ident mit der Bedienung des Tubers.

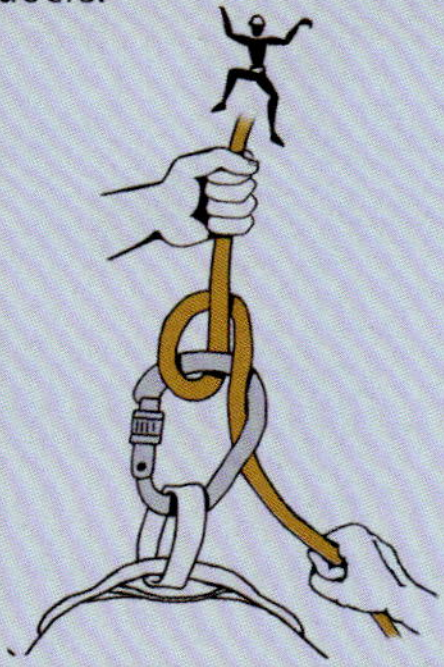

Richtiges Einlegen des HMS
"Rechtshänder: Bremshand rechts, gesunder Schenkel rechts. Linkshänder: umgekehrt."

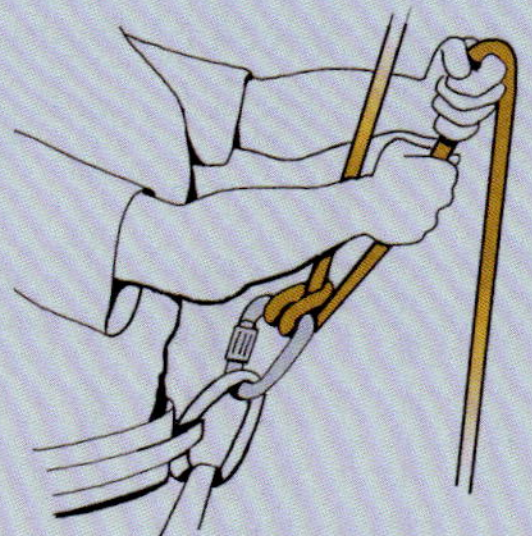

Ablassen mit HMS:
Das Bremsseil wird ausnahmsweise nach oben gehalten (geringere Krangelbildung).

standort des sichernden

Der Sichernde muss verhindern, dass er beim Sturz seines Partners umgerissen wird oder dass ihm sein Partner auf den Kopf fällt.
Die richtige Position ist nahe der Wand (ca. 1 m) und seitlich versetzt (ca. 1 m) unter dem kletternden Partner. Der Routenverlauf kann einen Standortwechsel des Sichernden erfordern, um den Sturzraum frei zu halten oder um Sichtkontakt herzustellen.
In Klettergärten kann durch abschüssiges Gelände am Wandfuß für den Sichernden das Risiko bestehen, abzurutschen und dadurch die Kontrolle über das Sicherungsgerät zu verlieren. Nur in diesem Fall empfehlen wir eine Selbstsicherung am Wandfuß.

gewichtsunterschied

Bei großem Gewichtsunterschied und bei reibungsarmem Seilverlauf (typisch für Kletterhallen) besteht für den Sichernden das Risiko, empor gerissen zu werden. Kontrollverlust über das Sicherungsgerät und Kollision mit dem Vorsteiger sind gefährliche Szenarien.

Problemlösungen:

- Möglichst gleich schwere Partner: Das Gewicht des Vorsteigers sollte maximal 20 % über dem Gewicht des Sichernden liegen.
- Die Seilreibung durch spezielle Vorschaltwiderstände erhöhen (z. B. Edelrid "Ohm").
- Einhängen der ersten Zwischensicherung in der Nachbarroute.

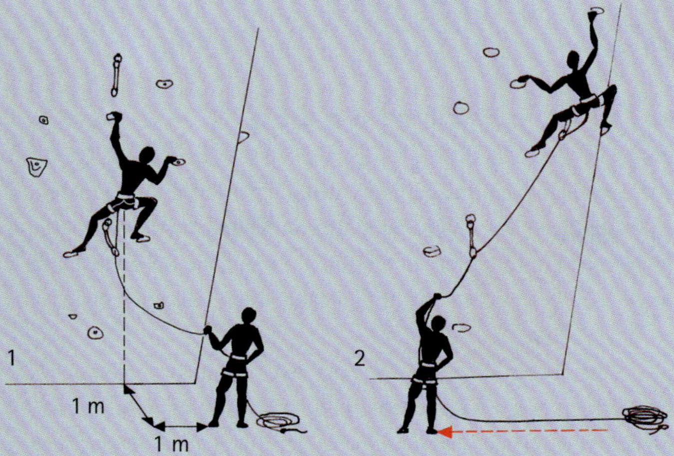

Richtiger Standort des Sichernden: Nahe der Wand, seitlich der Falllinie. Der Routenverlauf kann einen Standortwechsel erfordern.

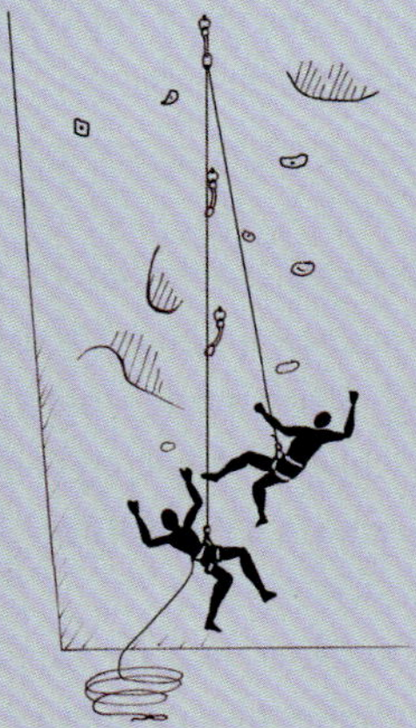

Das Risiko, empor gerissen zu werden, besteht bei größerem Gewichtsunterschied und bei reibungsarmem Seilverlauf.

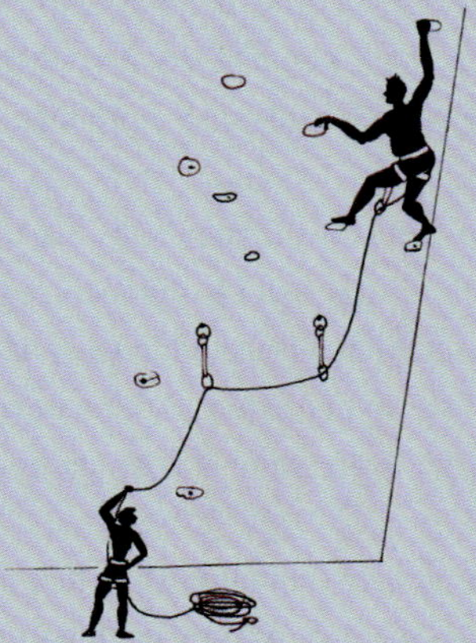

Versetztes Einhängen der ersten Zwischensicherung erhöht die Seilreibung. Nachteil: Zwei Kletterlinien werden belegt.

zwischensicherungen

Hohe Zuverlässigkeit und geringer Abstand der Sicherungspunkte sind wesentliche Merkmale von Kletterrouten in künstlichen Kletteranlagen und Klettergärten. In Kletterhallen sind die Hakenabstände normiert, in Klettergärten nicht und daher auch sehr unterschiedlich.

Risiko Bodensturz: Das Einhängen der zweiten, dritten, eventuell auch noch der vierten Zwischensicherung kann gefährlich sein, da man bei schlampiger Sicherung (Schlappseil!) oder bei ungünstigen Hakenabständen bis auf den Boden stürzt! Wesentlich gesteigert wird dieses Risiko durch zu frühes, überstrecktes Einhängen in die Zwischensicherung, da in diesem Fall sehr viel Schlappseil entsteht. Ideal ist das "Klippen" der Zwischensicherung aus einer stabilen Position, auf Brust- oder Kopfhöhe.

Risiko Selbstaushängen: Das Risiko des Selbstaushängens besteht sowohl für das Seil (Aushängen aus dem Karabiner) als auch für die Expressschlinge (Aushängen aus dem Haken). Gleich ausgerichtete Karabiner in der Expresse, eine bewegliche Schlaufe im oberen Karabiner der Expresse und richtiger Seilverlauf reduzieren das Risiko.

Achtung: Das Seil muss so in den unteren Karabiner der Expresse geklippt werden, dass es nach vorne zum Kletterer ausläuft und hinter dem Karabiner nach unten läuft.

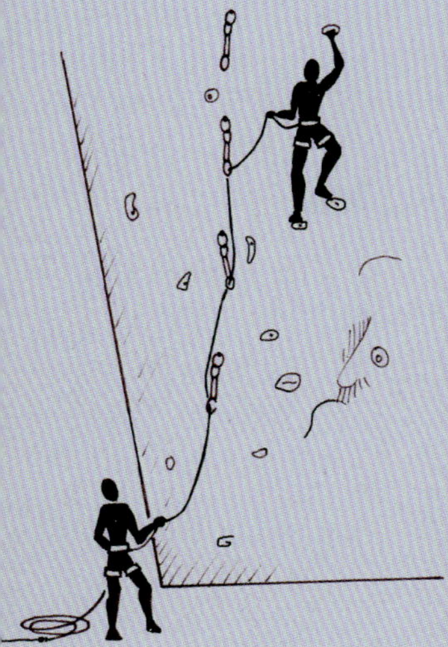

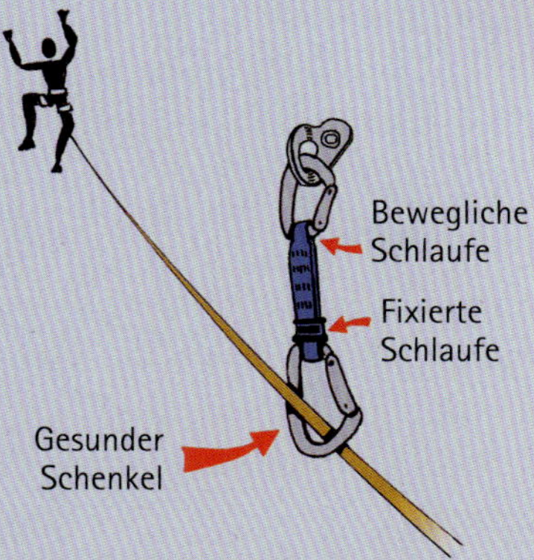

Richtiges Einhängen der Expresse: Bei schrägem Routenverlauf wird die Exe so eingehängt, dass das Seil über den gesunden Schenkel nach oben läuft..

Richtig einhängen: In Brust- oder Kopfhöhe.

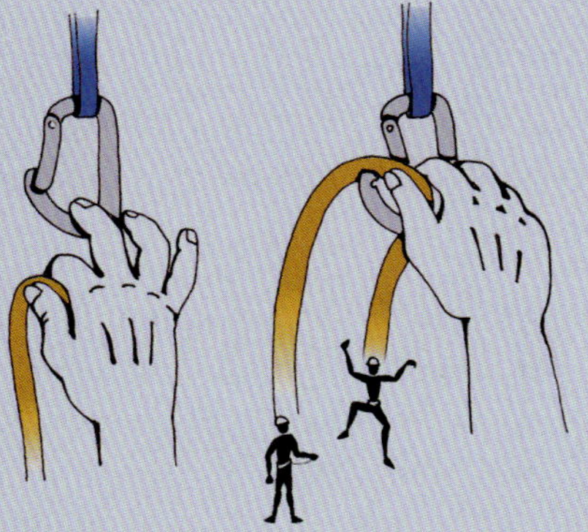

Klippen, Variante 1: Der Mittelfinger fixiert den Karabiner, Daumen und Zeigefinger klippen das Seil.

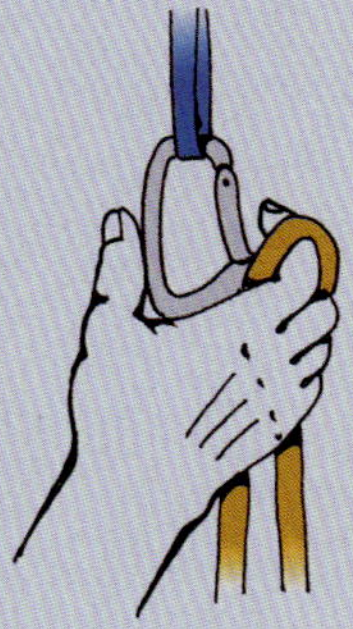

Klippen, Variante 2: Der Daumen stabilisiert den Karabiner, der Zeigefinger klippt.

sturz

Stürze in der Halle und im Klettergarten sind "normal" und bei aufmerksamer und korrekter Sicherungsarbeit nicht gefährlich. Senkrechte bzw. überhängende Routen mit verlässlichen Zwischensicherungen in moderatem Abstand schaffen ein "sturzfreundliches" Gelände.

Sturztraining: Das richtige Verhalten bei einem Sturz muss sowohl vom Stürzenden als auch vom Sichernden geübt werden. Die Route sollte zumindest leicht überhängend sein, die Sturzbahn darf keine Hindernisse aufweisen. Niemals weit nach hinten springen (starke Pendelbewegung zur Wand), besser "abtropfen".

Achtung: Das Sturztraining im Toprope beginnen und die Sturzhöhe langsam steigern. Im Vorstieg erst ab der 7. Zwischensicherung ins Seil springen. Der Sturz muss mindestens 5 m über dem Boden enden! Beim Sturztraining am Fels ist die Verwendung eines Kletterhelms für beide Partner notwendig.

Tipp: Ein zweiter Partner am Boden steht hinter dem Sichernden und hält zusätzlich das Seil fest – ein Fehlverhalten des Sichernden kann somit korrigiert werden. Auch eine Sackstichschlinge ca. 2 m hinter dem Sicherungsgerät kann als "Notbremse" eingesetzt werden.

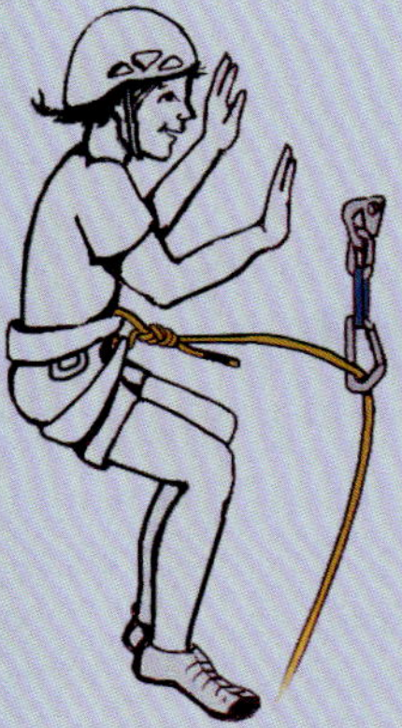

Körperhaltung beim Sturz: Keinesfalls in das Seil greifen! Beide Hände werden als Anprallschutz auf Schulterhöhe vor dem Körper gehalten. Die Beine sind leicht angewinkelt, der Rücken ist leicht gekrümmt.

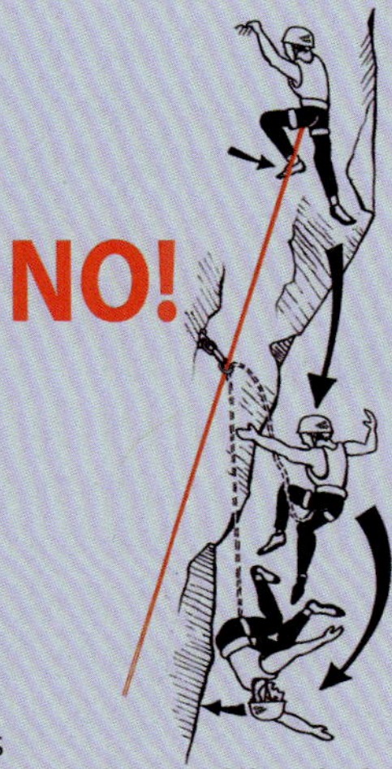

Achtung: Nie mit dem Fuß hinter das Seil steigen! Die Körperrotation beim Sturz kann zu Kopfverletzungen führen.

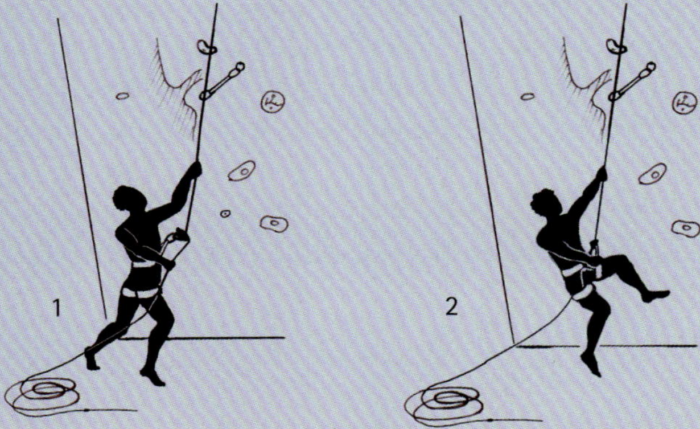

Körperdynamisch sichern: Der sichernde Partner geht dem Sturzzug bewusst einen Schritt entgegen und springt leicht nach oben.

ablassen vom körper

Nach dem Erreichen der Umlenkung ("top") wird der Kletterer vom Sichernden abgelassen. Zu beachten sind:

■ Die Qualität des Umlenkpunktes überprüfen.
■ Nur über Karabiner bzw. Metallösen ablassen.
■ Kommunikation: Der Kletterer signalisiert dem Sichernden durch Handzeichen oder Zuruf, dass er die Umlenkung eingehängt hat.
■ "Dicht holen": Der Sichernde spannt das Seil und nimmt den Kletterer voll auf Zug.
Achtung: Der Kletterer hängt sich erst dann ins Seil, wenn er den Seilzug des sichernden Partners deutlich spürt.
■ Den Kletterer langsam und gleichmäßig ablassen.
■ **Kein freies Seilende:** Ein Sackstichknoten ca. 60 cm (Armlänge) vor dem Seilende verhindert das Durchrutschen des Seiles.

Wichtig: Wir empfehlen diese Standardmaßnahme - kein freies Seilende - auch in der Kletterhalle. Nur so wird sie zur verlässlichen Routine.

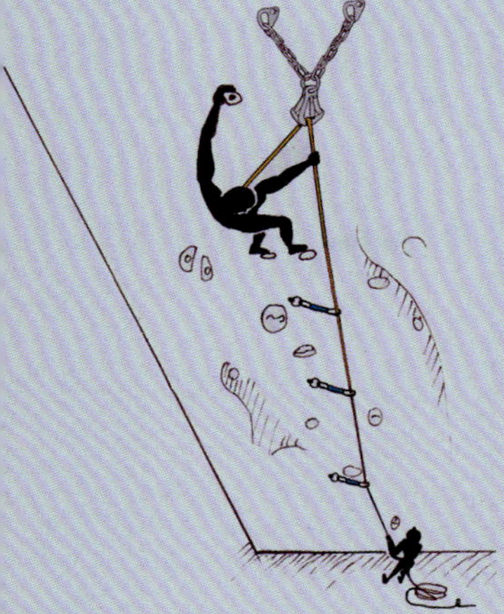

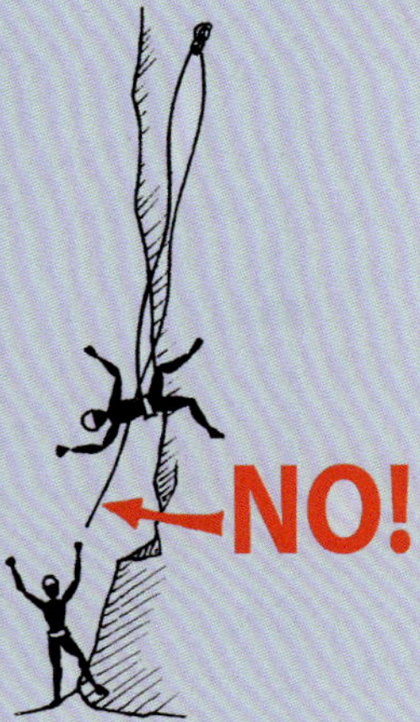

Kommunikation am Umlenkpunkt:
Informiere deinen Partner, wenn du die Umlenkung eingehängt hast. Lass das Seil erst los, wenn dein Körpergewicht vom Sichernden spürbar gehalten wird!

Extrem gefährlich:
Der Partner übersieht beim Ablassen das freie Seilende. Ein Sackstichknoten im Seilende ist ein elementarer Sicherheitsstandard!

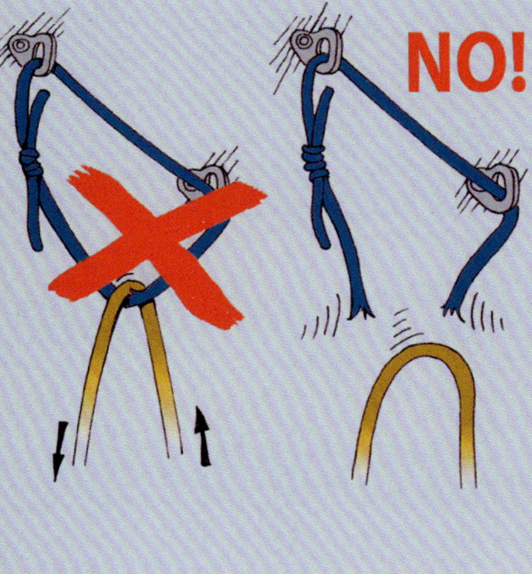

Beim Ablassen nie Seil auf Seil! Bandschlingen, Reepschnüre und Seile brennen extrem schnell durch.

toprope-klettern

Während beim Vorstiegsklettern immer die gesamte Sicherungskette mit allen Zwischensicherungen aktiv ist, reduziert sich beim Klettern im Toprope die Sicherungskette auf den Umlenkpunkt. Besondere Sorgfalt ist daher angebracht!

Wichtig:

- Zwei zuverlässige Fixpunkte.
- Zwei Karabiner (mindestens einer mit Verschlusssicherung) sichern das Toprope-Seil, um das Risiko des Seilaushängens verlässlich auszuschließen.

Achtung:

Nie eine einzelne Expressschlinge als Toprope-Umlenkung verwenden!

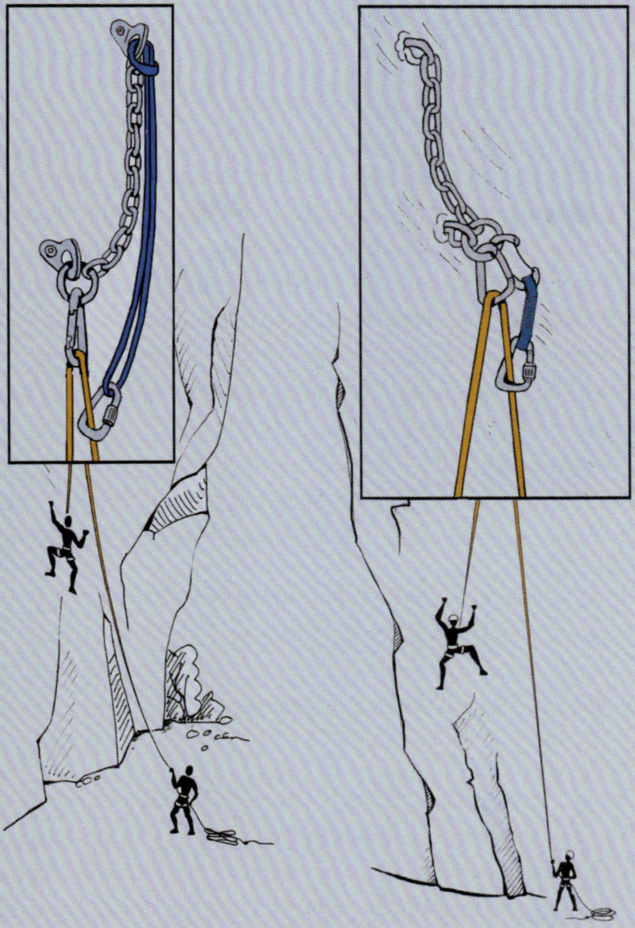

Toprope-Umlenkpunkt im Klettergarten: Es werden immer zwei sichere Fixpunkte für eine Toprope-Umlenkung verwendet. Der Kletterer ist immer in den Seilstrang eingebunden, der direkt zum Umlenkpunkt führt.

umbau am umlenkpunkt

In den meisten Klettergärten sind die Umlenkpunkte mit Ablasskarabinern ausgestattet, in die das Seil direkt eingehängt wird. Ist das nicht möglich (z. B. bei einem Ring), muss das Seil durchgefädelt werden. Dazu muss sich der Kletterer aus dem Seil ausbinden. Die zwei vorgestellten Umbaumethoden stellen sicher, dass neben der Selbstsicherung am Umlenkpunkt immer auch die Partnersicherung aktiv bleibt. Nur so kann die provisorische Selbstsicherung an Expressschlingen akzeptiert werden.

Wichtig: Voraussetzung für beide Methoden ist das Mitführen eines Schraubkarabiners, der in Klettergärten immer am Gurt sein sollte.

Achtung: Nur durch Metallösen fädeln! Reepschnüre oder Bandschlingen schmelzen beim Ablassen nach wenigen Metern durch.

■ **Umbau Expressverfahren** (keine Abbildungen)

Ablauf:
(1) Provisorische Selbstsicherung mittels zwei Expressschlingen.
(2) Seilschlinge von unten durch den Ring stecken, eine Sackstichschlinge knoten und diese mit einem Schrauber im Anseilring fixieren. (3) Lösen des Anseilknotens und den freien Seilstrang durch den Ring ziehen. (4) Seil straffen ("dicht holen") durch den sichernden Partner, die provisorische Selbstsicherung aushängen, den Partner ablassen.

■ Umbau Standardverfahren: Der Vorteil dieser Methode liegt darin, dass sie auch bei Ösen mit sehr kleinem Durchmesser möglich ist. Zudem ist der Kletterer beim Ablassen wieder direkt eingebunden.

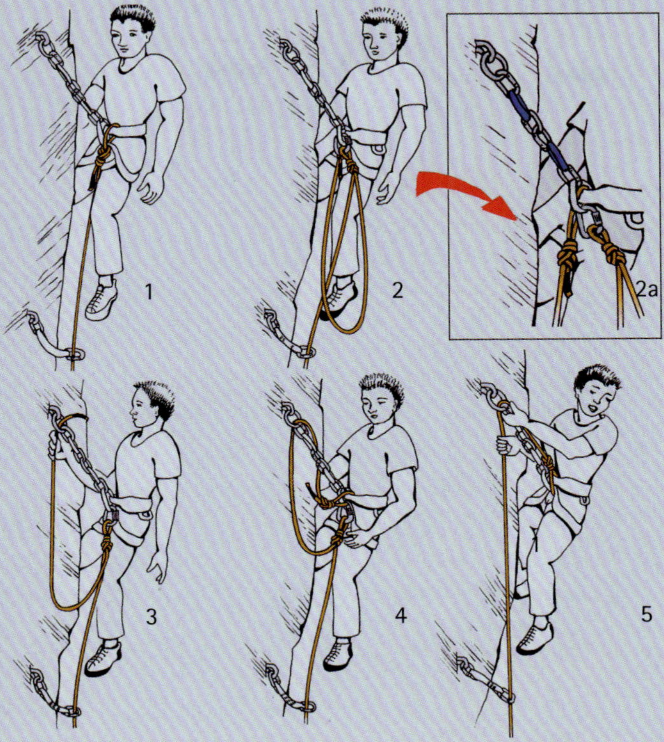

(1) Provisorische Selbstsicherung mit 2 Expresssen. (2) Ca. 2 m Seil einholen, Sackstichschlinge knoten und mit Schrauber in den Anseilring hängen. (3) Ausbinden und das Seil von unten durch den Umlenkpunkt aus Metall fädeln. (4) Wieder direkt einbinden und Schlinge lösen. (5) Eine Hand bleibt am Seil. Erst wenn der Seilzug des sichernden Partners deutlich spürbar ist, die Selbstsicherung aushängen und sich ins Seil hängen.

s t a n d p l a t z

Der Standplatz ist eine "Insel der Sicherheit" für die Selbst- und Partnersicherung. Ein Versagen des Standplatzes kann den Absturz der Seilschaft zur Folge haben. 5 bis 8 kN Belastung können auf einen Standplatz einwirken, 12-15 kN Haltekraft ist der Wert, den wir erreichen wollen.

Grundsätze beim Standplatzbau:

- **Rechtzeitig Stand machen:** Besser bereits nach 25 m eine günstige Standplatzmöglichkeit nützen, als das Seil bis zum letzten Meter ausklettern.
- **Erst planen, dann handeln:** Ich baue meinen Standplatz erst, wenn ich eine klare Vorstellung vom fertigen Standplatz habe.
- **Redundanz herstellen:** Wir wollen am Standplatz mindestens zwei von einander unabhängige Fixpunkte. Der Stand an einem einzigen Fixpunkt muss gut begründet sein.
- **Ordnung halten:** Am Standplatz ist es wichtig, Übersicht zu bewahren und sorgfältig mit Karabinern, Schlingen und dem losen Seil zu agiere
- **Zügig arbeiten:** Schnell sein ist am Berg ein Sicherheitsfaktor!

Tipp: Standplatzbau unbedingt vorher am Boden üben. Routine hilft, wertvolle Zeit zu sparen.

z e n t r a l p u n k t

Der Zentralpunkt ist jener Punkt, der mit allen Fixpunkten des Standplatzes möglichst unmittelbar verbunden ist. Im Zentralpunkt erfolgen Selbst- und Partnersicherung. Hergestellt wird er mit einer Bandschlinge, mittels Reepschnur oder mit einem HMS-Karabiner.

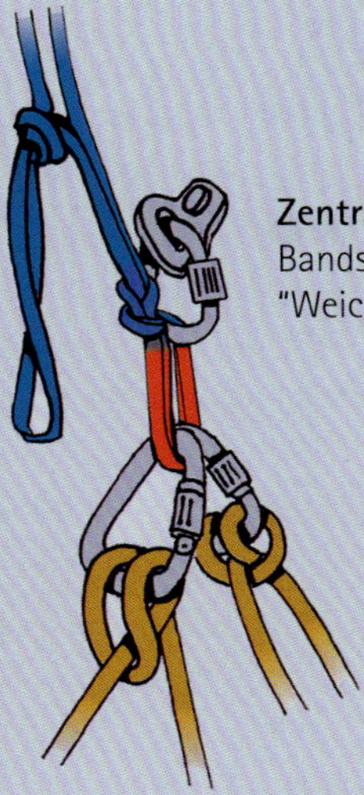

Zentralpunkt mittels Bandschlinge und "Weichem Auge"

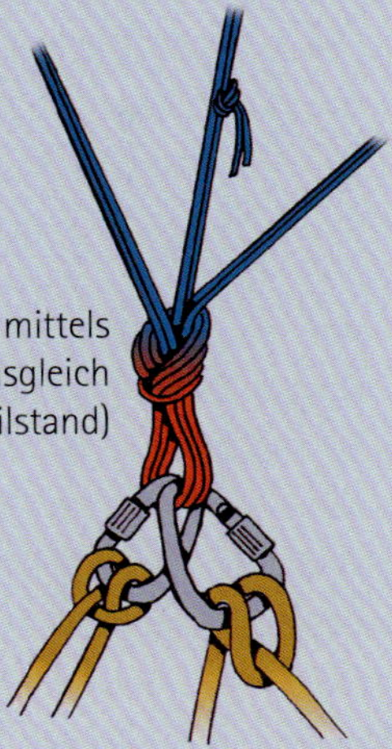

Zentralpunkt mittels fixiertem Ausgleich (Abseilstand)

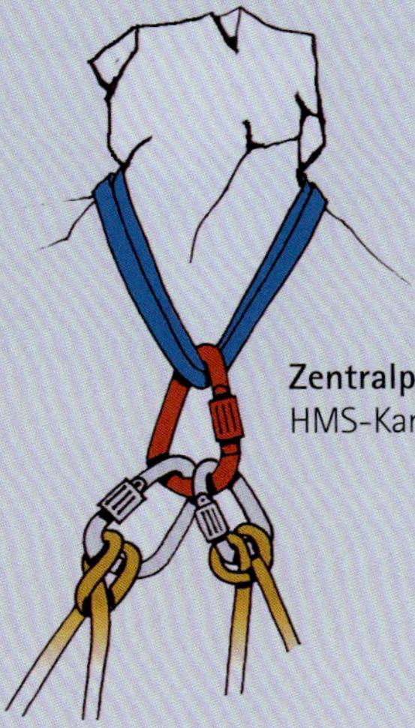

Zentralpunkt mittels HMS-Karabiner

■ standplatzbau im fels

(1)reihenverankerungen

Die Reihenverankerung ist eine einfache Methode, um an zwei Fixpunkten einen Standplatz zu errichten. Sie ist der am häufigsten angewandte Standplatztyp. Bei Sturzbelastung übernimmt ein einzelner Fixpunkt die Sturzenergie, der zweite schafft Redundanz.

Anwendung: Immer dann, wenn am Standplatz zumindest ein normkonformer Bohrhaken vorhanden ist. Mögliche Kombinationen sind: Stand an zwei Bohrhaken, Stand an einem Bohrhaken und einem Normalhaken, Stand an einem Bohrhaken und an einer mobilen Sicherung (Klemmkeil, Klemmgerät, Schlinge).

Wichtig: Das "Weiche Auge" wird bei der Reihenverankerung immer am unteren Fixpunkt eingehängt.

Varianten:

■ **Mit Bandschlinge:** Das "Weiche Auge" bildet den Zentralpunkt. Mit einem Sackstich wird anschließend die Bandschlinge so verkürzt, dass eine annähernd kraftschlüssige Verbindung zwischen den Fixpunkten entsteht. In Mehrseillängen mit gebohrten Standplätzen wird diese Standplatzschlinge bereits vorbereitet am Körper mitgetragen.

Alternatives Verkürzen der Bandschlinge: Beide Stränge der Bandschlinge werden mittels Mastwurf im oberen Karabiner fixiert - das freie Ende wird in den Karabiner gehängt und somit rückgesichert. Der Kraftschluss ist bei dieser Methode besser.

■ **Mit Seil:** Die Reihenverankerung kann auch direkt mit dem Kletterseil hergestellt werden. Möglich ist diese Variante, wenn in Wechselführung geklettert wird. Achtung: Diese Variante ist eine Notlösung, da man sich nicht aus der Sicherungskette lösen kann!

Reihenverankerung mit Bandschlinge: Den Zentralpunkt bildet das "Weiche Auge". Der Sackstich verkürzt die Schlinge.

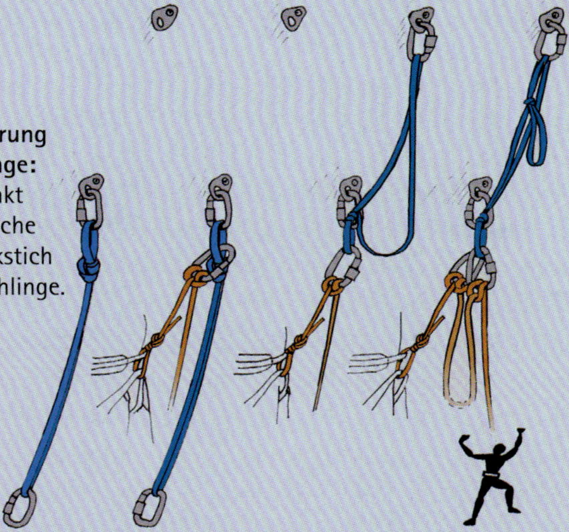

Verkürzung der Bandschlinge mit Mastwurf: Bei dieser Methode erreicht man einen optimalen Kraftschluss. Wichtig ist, dass das Ende der Bandschlinge zur Sicherung in den Karabiner eingehängt wird.

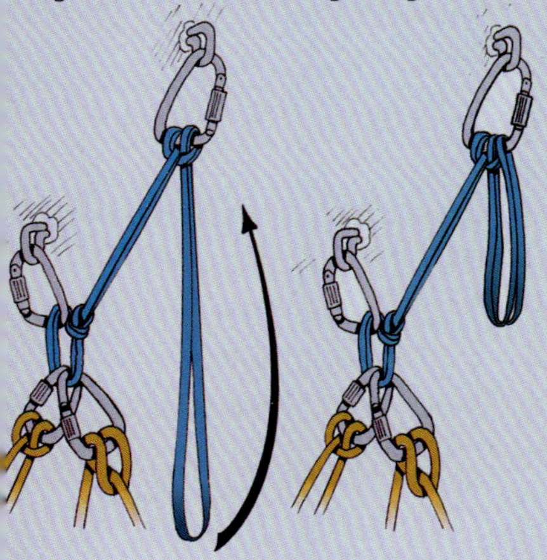

Reihenverankerung mit Seil: Nur bei Wechselführung eine mögliche Alternative.

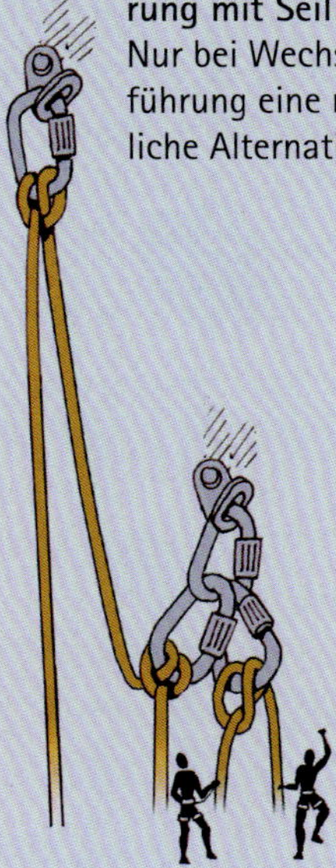

(2) ausgleichsverankerungen

Die fixierte Ausgleichsverankerung ist unser bevorzugter Standplatztyp, wenn wir an Normalhaken, Klemmkeilen oder Klemmgeräten Stand machen - also dann, wenn keine Bohrhaken vorhanden sind. Die Ausgleichsverankerung hat das Ziel, den einzelnen Fixpunkt zu entlasten. Im Idealfall, wenn die Fixpunkte vertikal übereinander liegen, kann die Entlastung 50 % betragen. Inzwischen hat dieser Aspekt der Entlastung an Bedeutung verloren, dafür wollen wir unter allen Umständen verhindern, dass bei Versagen eines Fixpunktes ein starker Ruck entsteht.

Varianten:

■ **Fixierter Ausgleich (Abseilstand):** Einfach herzustellen, auch bei drei Fixpunkten möglich.
Hinweis: Streng genommen ist bei dieser Methode die Ausgleichsfunktion nicht mehr gegeben, da der Zentralpunkt durch den Sackstich oder Ankerstich fixiert ist.

■ **Südtirolerstand:** In alpinen Klettertouren mit klassischer Absicherung (keine Bohrhaken) bietet diese Variante Vorteile, was den Materialverbrauch und die Schnelligkeit betrifft. Typisch für diese Ausgleichsvariante sind die zwei Ankerstiche - einer am Fixpunkt, einer im Zentralkarabiner.

■ **Abgeknoteter Ausgleich ("Echter" Ausgleich):** Durch den beweglichen Zentralpunkt erfolgt eine optimale Kraftverteilung auf die Fixpunkte (Normalhaken, Klemmkeile).

Theoretische Kraftverteilung im Kräftedreieck

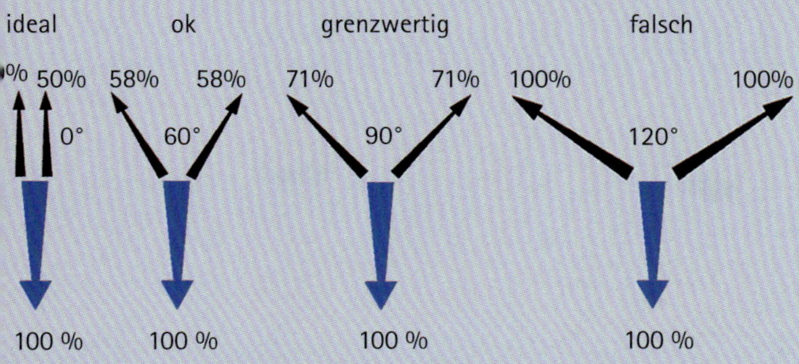

Kräftedreieck: Im Idealfall, wenn die Fixpunkte vertikal übereinander liegen (0°) kann die Entlastung 50 % betragen. Ein Winkel von 90° - die mögliche Entlastung beträgt nun noch 30 % soll nicht überschritten werden. Ab einem Winkel von 120° wird die Belastung auf den einzelnen Fixpunkt größer als die Hauptlast.

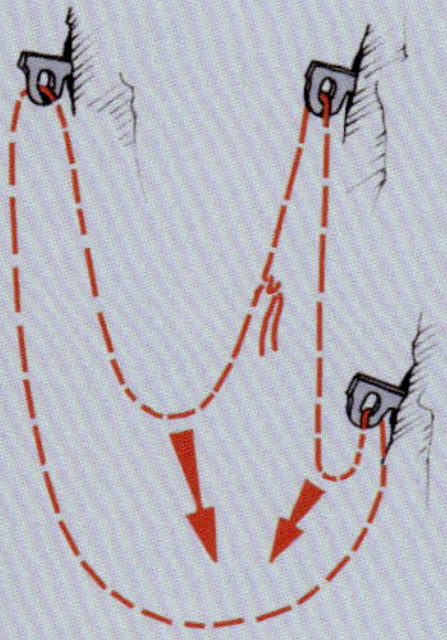

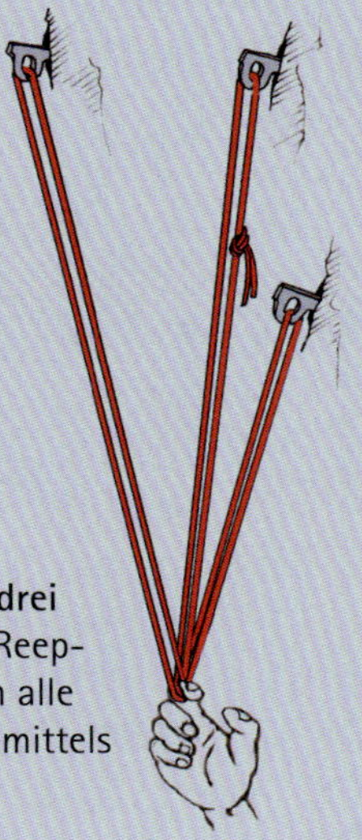

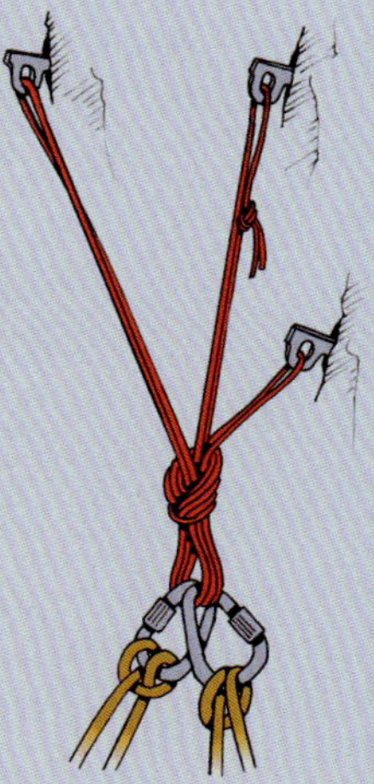

Fixierter Ausgleich an drei Fixpunkten. Die 6 mm Reepschnur (5 m) wird durch alle Fixpunkte gefädelt und mittels Sackstich abgeknotet.

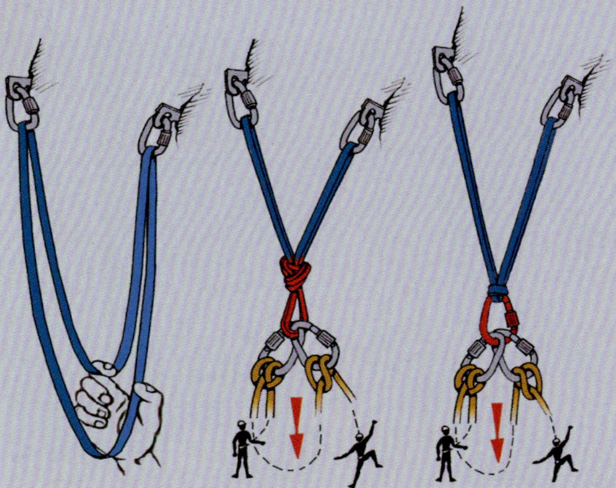

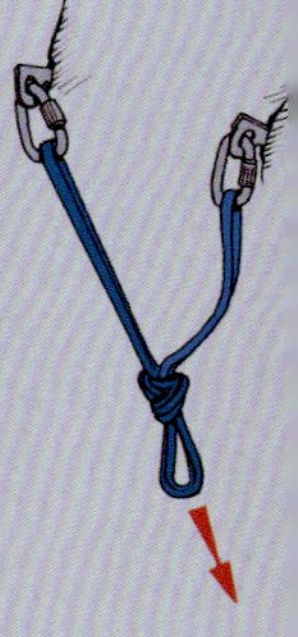

Fixierter Ausgleich – "Abseilstand": Die Bandschlinge wird lotrecht nach unten gezogen, um eine optimale Kraftverteilung zu erreichen. Den Zentralpunkt bildet eine Sackstichschlinge oder ein Ankerstich im Zentralkarabiner.

Achtung: Bei geringer Ände rung der Bela stungsrichtun kommt die vo Belastung auf einen einziger Fixpunkt.

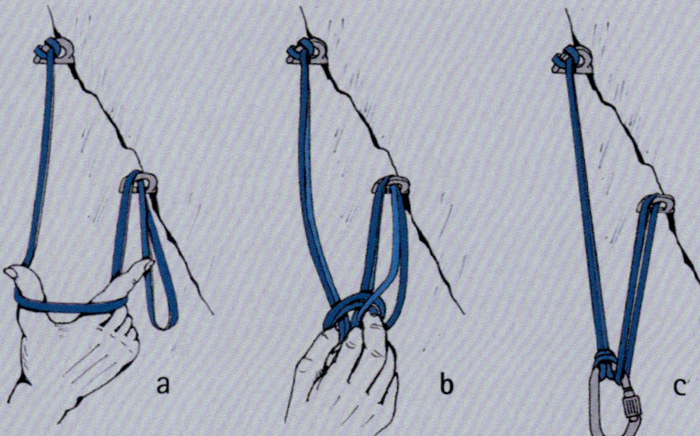

Südtirolerstand: (a) Bandschlinge (120 cm) mittels Ankerstich im oberen Fixpunkt befestigen, dann durch den zweiten Fixpunkt fädeln. (b) Nun einen weiteren Ankerstich für den Zentralkarabiner herstellen. Freies Ende zu diesem Ankerstich herunterziehen, dann (c) Zentralkarabiner einhängen und feinjustieren.

Abgeknoteter Ausgleich ("Echter" Ausgleich):

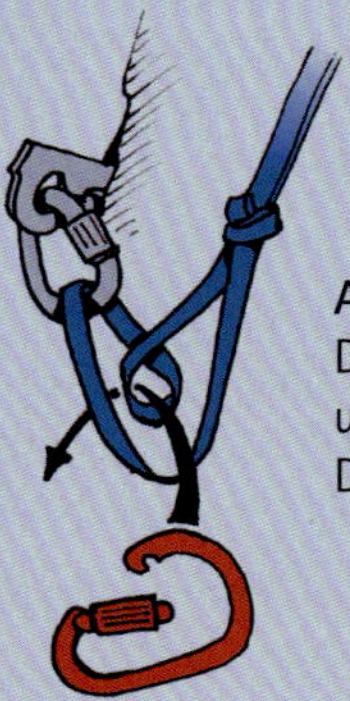

Ausgleichsverankerung:
Die Bandschlinge muss eingedreht werden, um beim Ausbrechen eines Fixpunktes das Durchrutschen der Schlinge zu verhindern

Ein Sackstichknoten auf Höhe des unteren Fixpunktes dient als "Stoppknoten", wenn der obere Fixpunkt versagt. Der Mastwurf im oberen Karabiner erlaubt die optimale Positionierung des Stoppknotens.

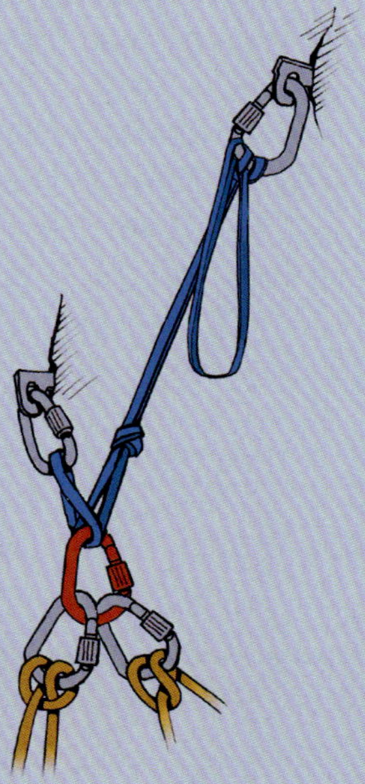

Die Bandschlinge mit dem Stoppknoten und den zwei Karabinern für die Fixpunkte kann standardmäßig vorbereitet werden.

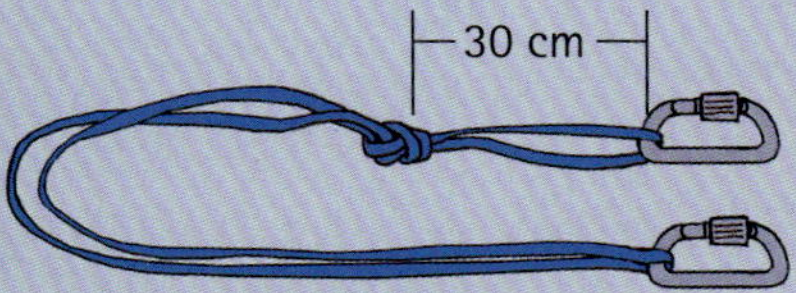

(3) standplatz an einem fixpunkt

Standplätze an einem einzigen Fixpunkt müssen gut begründet sein. Nur wenige Fixpunkte kommen dafür in Frage:

■ Bohrhaken

Die Empfehlung für zwei Fixpunkte am Standplatz gilt auch für Bohrhaken. Bei fehlenden Alternativen halten wir es für vertretbar, an einem einzigen Bohrhaken einen Standplatz zu errichten oder daran abzuseilen. In diesem Fall muss der Bohrhaken nach folgenden Gesichtspunkten kontrolliert werden:

- Der Bohrhaken ist als normkonformes Markenprodukt erkennbar.
- Er ist in kompaktem Fels gesetzt.
- Er wackelt nicht.
- Die Hakenöse liegt direkt am Fels auf.
- Bei Klebehaken kann ein Drehmoment-Test mit querliegendem Karabiner als Hebel durchgeführt werden. Ebenfalls sollte darauf geachtet werden, dass der Kleber hart und trocken ist und das gesamte Bohrloch ausfüllt.

Verbundanker (Klebehaken) und Spreizanker (Expansionshaken) bieten nach heutigen Erkenntnissen den gleichen Sicherheitsstandard. Vorteile bieten Verbundanker durch das dichte Abbinden des Bohrlochs und den spannungsfreien Sitz. Spreizanker wiederum sind weniger anfällig für Setzfehler, können aber in weniger dichtem Gestein im Laufe der Jahre an Festigkeit verlieren.

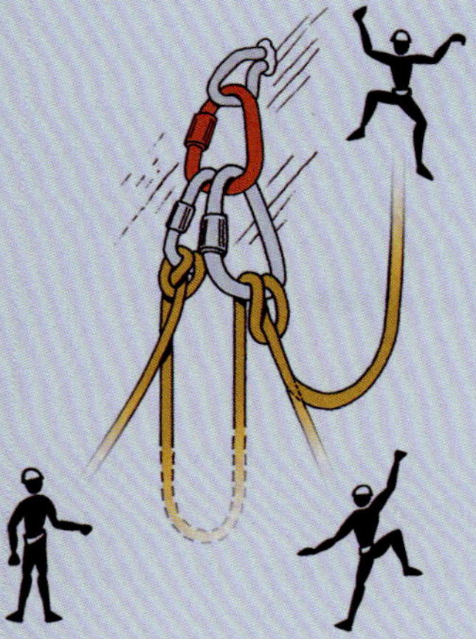

Nur im Notfall vertretbar: Standplatz an einem einzigen Normbohrhaken.

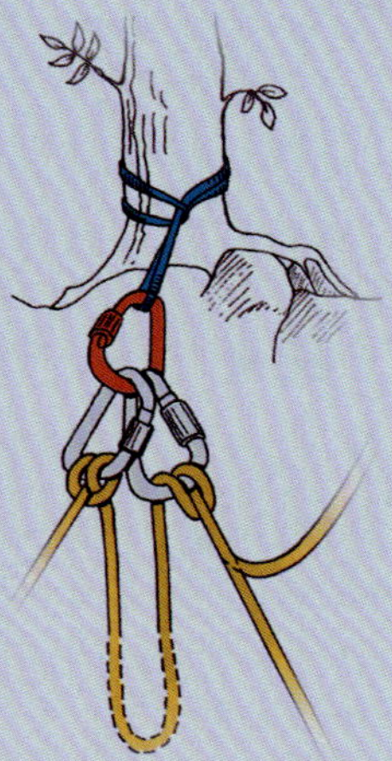

Standplatz an einem Baum: Befestigung der Bandschlinge mittels Ankerstich.

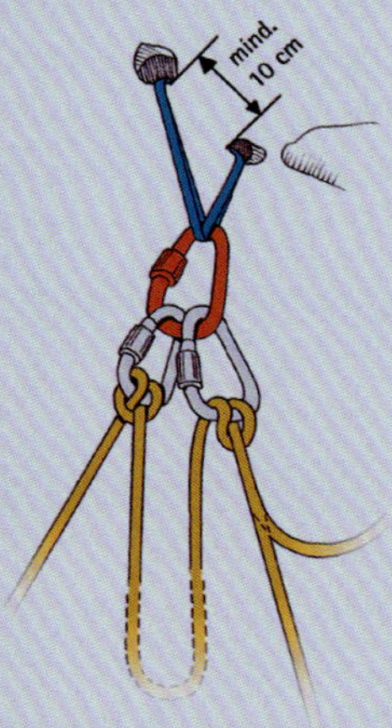

Standplatz an einer Sanduhr. Befestigung der Bandschlinge ohne Ankerstich.

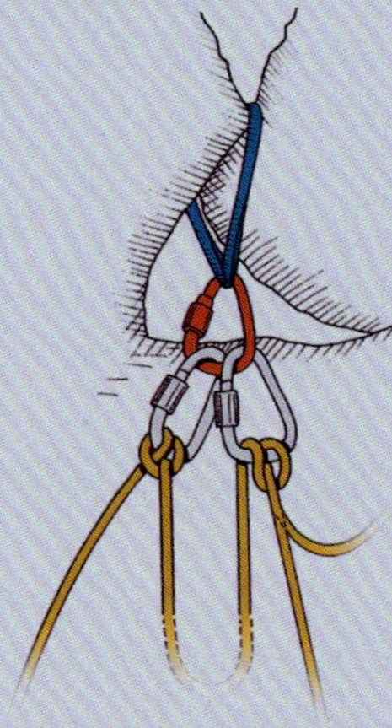

Standplatz an einem Klemmblock. Befestigung der Bandschlinge ohne Ankerstich.

■ Baum

In Frage kommen lebende, fest verwurzelte Bäume. Um eine ungünstige Hebelwirkung zu vermeiden, muss der Baum möglichst tief mittels Bandschlinge und Ankerstich abgebunden werden.

■ Sanduhr

Die Gütekriterien bei Sanduhren sind, dass sie rissfrei sind und einen entsprechenden Durchmesser (mind. 10 cm) haben. Sanduhren werden **nicht** mit einem Ankerstich abgebunden, um die Belastung möglichst auf die Basis zu konzentrieren.

■ Klemmblock

Große Blöcke oder eingeklemmte Steine können ähnlich einer Sanduhr verwendet werden. Die Stabilität resultiert hier aus dem Eigengewicht der Felsen und der Klemmwirkung.

■ Felskopf

Der Felskopf muss rissfrei und ausreichend groß sein, um den sicheren Sitz der Bandschlinge zu gewährleisten.

Achtung: Felsköpfe können Belastungen nur nach unten aufnehmen. Sie eignen sich daher primär zur Nachstiegssicherung. Stürzt der Vorsteiger in eine Zwischensicherung, kann die Schlinge nach oben weggerissen werden! Daher sollten Kopf- und Blockschlingen ggf. beim Vorstiegssichern nach unten verspannt werden. Das Abspannen mit dem Köpergewicht des Sichernden ist eine häufige Alternative.

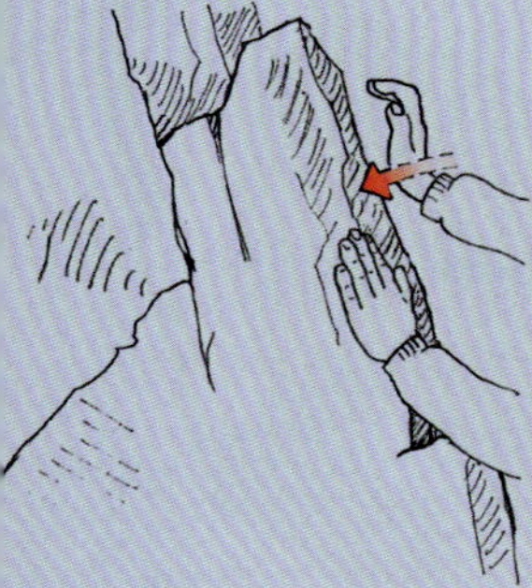 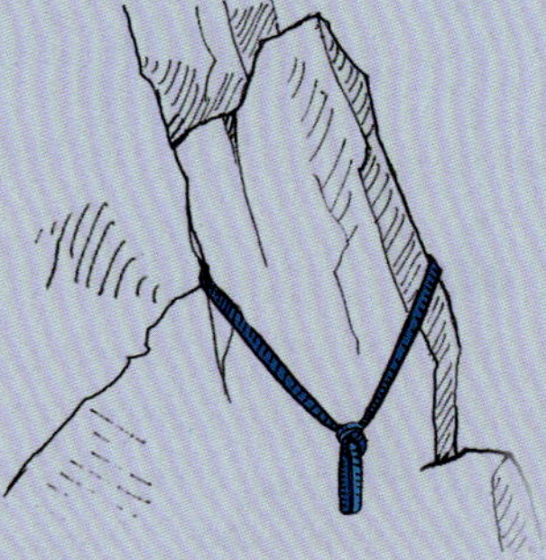

Standplatzbau an einem Felskopf mit Bandschlinge (120 cm). Das Prüfen der Stabilität erfolgt durch Klopfen mit dem Handballen. Die zweite Hand fühlt die Schwingungen und ermöglicht so Rückschlüsse auf die Festigkeit.
Den Zentralpunkt bildet ein Schraubkarabiner bei Verwendung einer Bandschlinge oder das "Weiche Auge" bei Verwendung der vorbereiteten Standplatzschlinge.

Anwendung: Primär zum Nachsichern eines Partners im Blockgelände oder auf Graten.

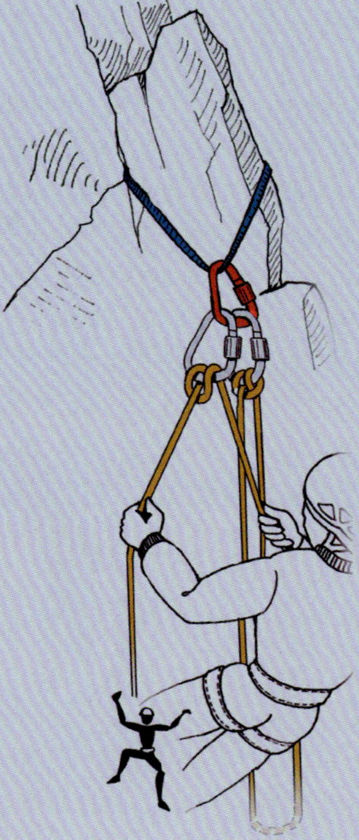

fixpunkte verspannen

Mobile Sicherungsmittel wie Kopfschlingen, Klemmkeile oder Klemmgeräte können häufig nur in eine Richtung belastet werden. Dieser Nachteil kann durch Verspannen mit einem zweiten Sicherungspunkt ausgeglichen werden.
Achtung: Durch Verspannen entsteht noch keine Redundanz!

■ Verspannen mit Bandschlinge

Zwei Fixpunkte mit entgegengesetzten Belastungsrichtungen und einem Abstand von bis zu einem Meter können mit einer langen Bandschlinge (120 cm) sehr straff verbunden werden.
(1) In den Karabiner des unteren Fixpunktes wird die Bandschlinge eingehängt und durch den Zentralpunkt geführt.
(2) Nun die Schlinge zwischen den beiden Bandsträngen durchstecken und nochmals durch den Zentralpunkt führen.
(3) Anschließend die Schlinge kräftig spannen.
(4, 5) Zuletzt ein Spierenstich über die gespannte Bandschlinge zur Fixierung.
(6) Die Karabiner für die Selbst- und Partnersicherung werden auf der Seite des "gesunden" bzw. geschlossenen Schenkels des Zentralkarabiners eingehängt.

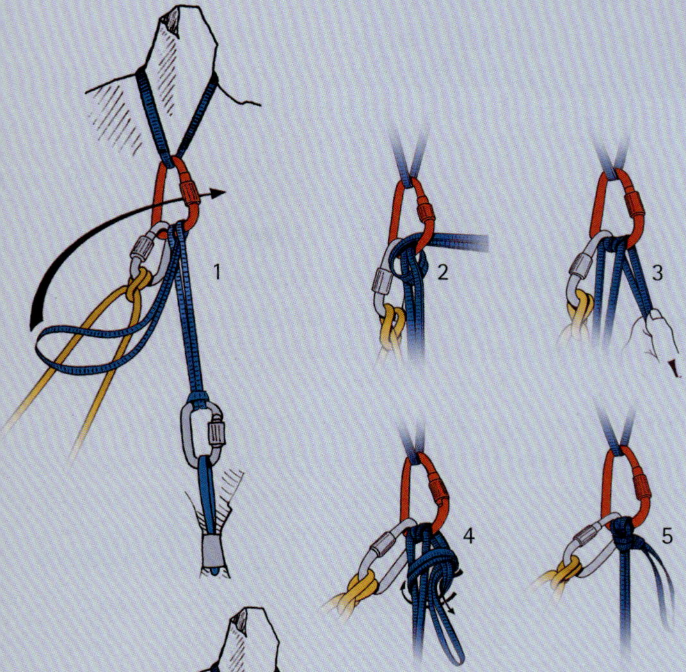

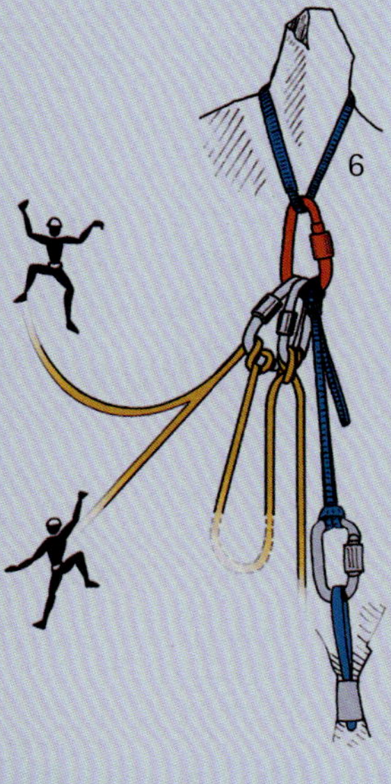

Mittels Bandschlinge lassen sich zwei beliebige Fixpunkte schnell und zuverlässig verspannen. Den Abschluss bildet ein Spierenstich über die gespannten Bandstränge.

■ Verspannen mit Reepschnur ("Bauernflaschenzug")

Bei größerem Abstand der Fixpunkte eignet sich eine lange, 6 mm starke Reepschnur sehr gut zum Verspannen.

Anleitung: In den Karabiner des unteren Fixpunktes wird die Reepschnur mit einer Achterschlinge eingehängt. Anschließend wird die Reepschnur oben durch den Zentralpunkt und unten durch den Karabiner des Fixpunktes geführt. Je nach Länge der Reepschnur kann man mehrmals hin- und herfädeln. Zieht man an der Reepschnur, so werden beide Fixpunkte durch die Flaschenzugwirkung sehr straff verspannt. Den Abschluss bildet ein Mastwurf in einem der beiden Karabiner.

■ Verspannen mit dem Seil

Sehr schnelle und einfache Methode, die sich dann anbietet, wenn in Wechselführung geklettert wird. Der Nachteil dieser Methode liegt darin, dass man weniger flexibel ist.

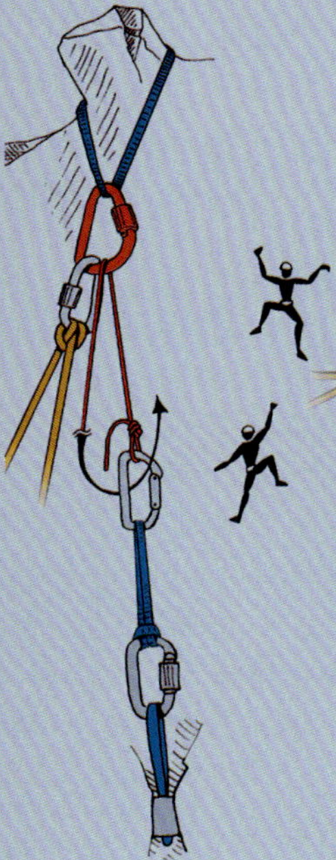

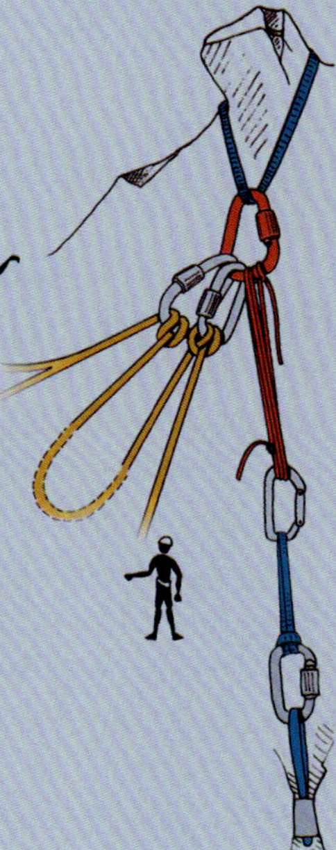

Verspannen mittels Reepschnur: Auf diese Weise können Fixpunkte, die weiter auseinander liegen, gut verspannt werden. Den Abschluss bildet ein Mastwurf.

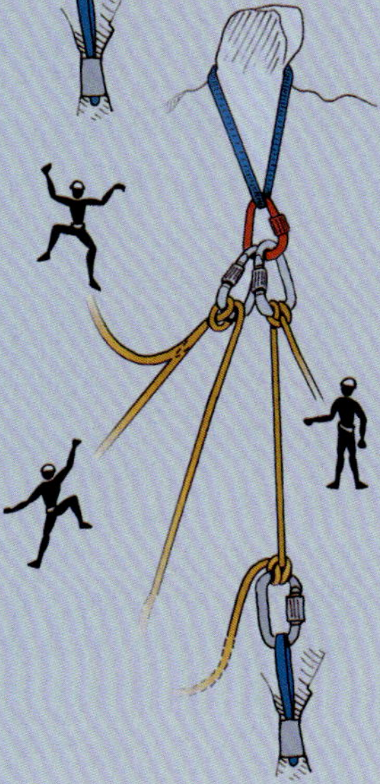

Verspannen mittels Seil: Von der Selbstsicherung (Mastwurf) des oberen Fixpunktes wird das Seil zum unteren Fixpunkt geführt und mit einem weiteren Mastwurf im Karabiner gespannt.

■ standplatzbau im eis

■ Standplatz an Eisschrauben

Die Haltekraft von Eisschrauben ist von folgenden Faktoren abhängig: Eisqualität, Setzwinkel, Länge (Empfehlung: 17-19 cm), Anzahl der Gewindegänge und der Gewindefläche. Die Haltekraft moderner Eisschrauben in solidem Eis liegt bei ca. 20 kN.
Wir verwenden beim Standplatzbau die Reihenverankerung. Im Eis sind wir nicht an vorgegebene Strukturen wie im Fels gebunden und können die zwei Eisschrauben so platzieren, dass sie lotrecht übereinander liegen - in einem Abstand von mindestens 50 cm.

Achtung: Der Bereich um die Eisschrauben gilt als Tabuzone - d. h. besondere Sorgfalt bei der Beurteilung der Eisqualität und kein unnötiges Herumpickeln im Nahbereich!

Setzwinkel: Der optimale Setzwinkel beträgt 10 - 15 ° nach unten geneigt. In der Praxis wird die Eisschraube im 90 ° Winkel zur Eisoberfläche gesetzt. Die Empfehlung, Eisschrauben in sonnenexponiertem Eis ca. 10° nach oben geneigt zu setzen, ist nicht mehr aktuell.

Wichtig: Das Seil in langen Doppelschlingen sammeln, nicht frei hinunter hängen lassen. Es besteht die Gefahr des Verhängens an Eisstrukturen!

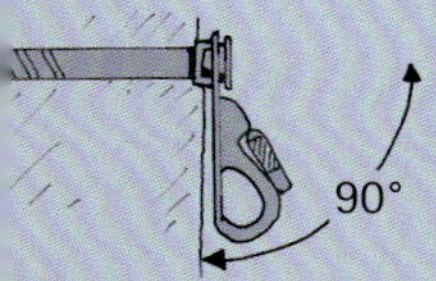

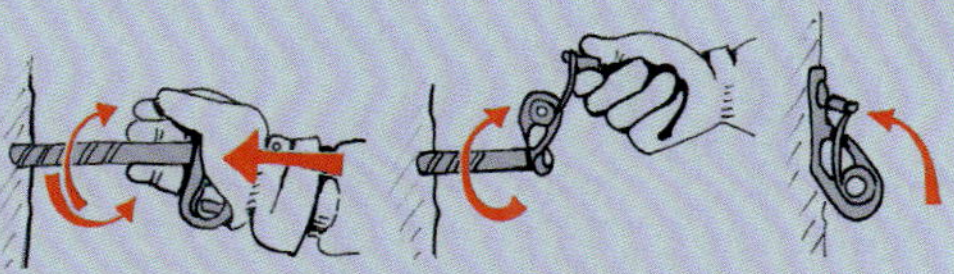

Der empfhohlene Setzwinkel im Hochtourenbereich beträgt 90° (rechter Winkel) zur Eisoberfläche.

Das Eindrehen von Eisschrauben verlangt Übung und muss auch mit einer Hand beherrscht werden: Unter stetigem Druck andrehen, bis das Gewinde greift. Dann mittels Kurbel vollständig eindrehen, Lasche positionieren und die Kurbel einklappen.

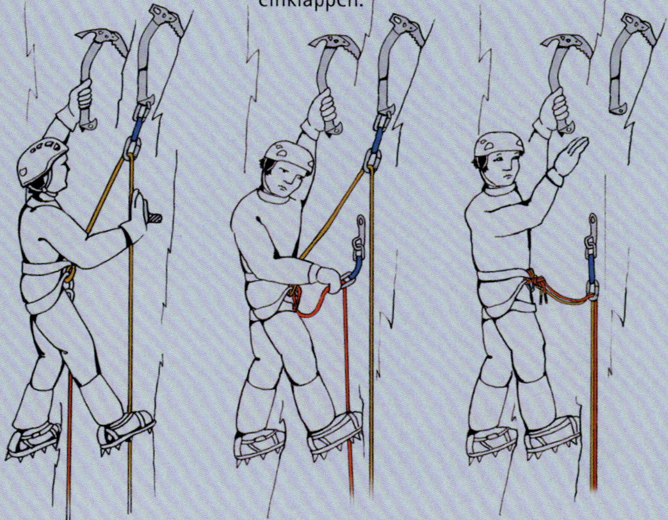

Setzen von Eisschrauben: Damit man während des Setzens einer Eisschraube (als Zwischensicherung oder beim Standplatzbau) gesichert ist, wird ein gut verankertes Eisgerät als Zwischensicherung verwendet, während man in Hüfthöhe die Eisschraube hineindreht. Erst wenn das Seil in die Expressschlinge eingehängt ist, wird die Sicherung aus dem Eisgerät entfernt und der zweite Seilstrang eingehängt.

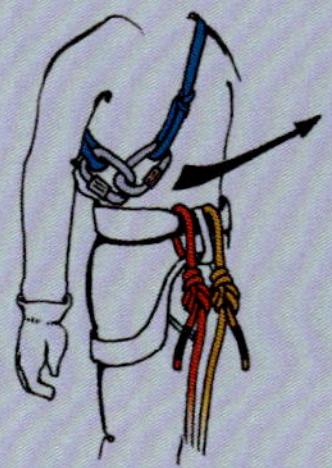

Vorbereitete Standplatzschlinge: Da der Standplatz im Eis immer nach dem gleichen Prinzip eingerichtet wird, ist es zweckmäßig, die Bandschlinge (120 cm) mit dem "Weichen Auge" und den zwei Schraubkarabinern bereit vorbereitet über der Schulter zu tragen.

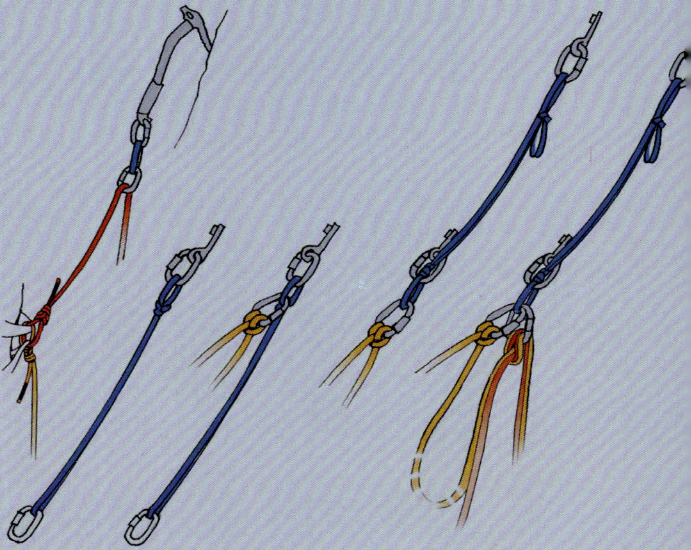

2) Aufbau des Standplatzes

Morsches Eis wegkratzen, die untere Eisschraube setzen (das Eisgerät dient dabei als provisorische Zwischensicherung). Dann Selbstsicherung mittels Mastwurf und Schrauber im "Weichen Auge". Seilkommando "Stand", die provisorische Sicherung am Pickel wird nun gelöst.
Die zweite Eisschraube wird gesetzt, die Standplatzschlinge mittels Sackstich verkürzt und die Partnersicherung eingehängt (Plate oder HMS).

Sichern des Nachsteigers mit HMS oder Plate im "Weichen Auge".

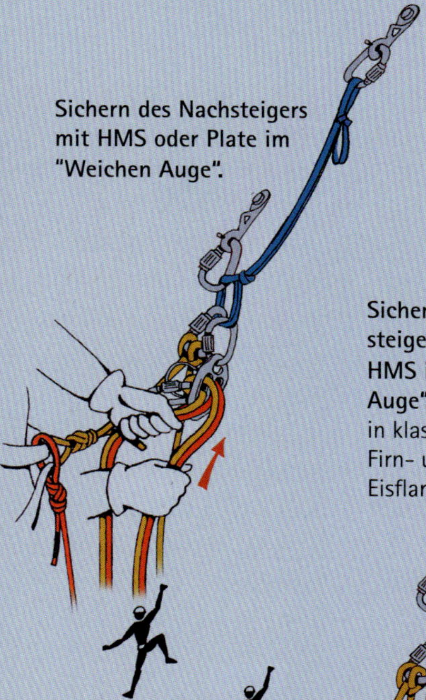

Sichern des Vorsteigers mittels HMS im "Weichen Auge". Bevorzugt in klassischen Firn- und Eisflanken.

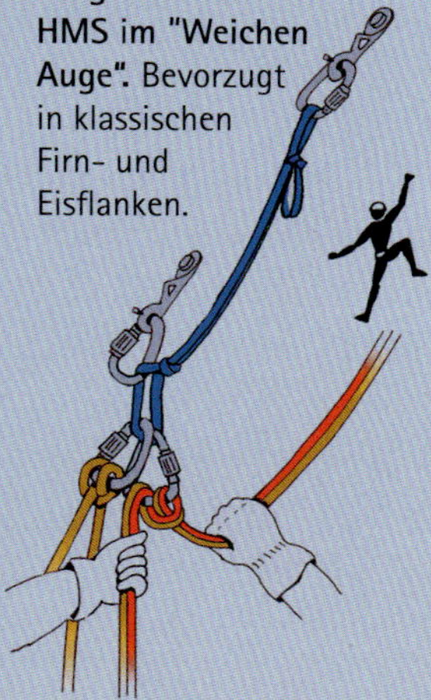

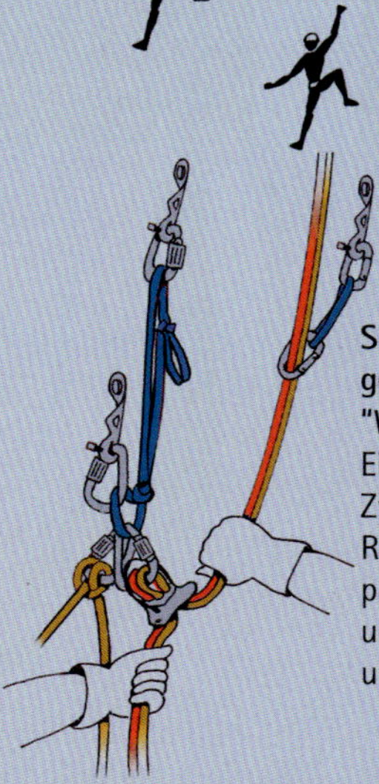

Sichern des Vorsteigers mittels Tuber im "Weichen Auge". Beim Eisklettern muss die erste Zwischensicherung in Reichweite des Standplatzes gesetzt werden, um einen Sturzzug nach unten zu vermeiden.

■ Eissanduhr "Abalakow"

Eine geniale Möglichkeit, um im Eis einen Fixpunkt mit großer Festigkeit herzustellen, bietet die Eissanduhr nach Vitali Abalakow. Dabei werden mit einer langen Eisschraube (mind. 19 cm) im Winkel von 60 ° zur Eisoberfläche zwei Löcher gebohrt – so, dass sich die Bohrungen im Grunde treffen. Anschließend wird mit Hilfe eines Eissanduhr-Fädlers eine Reepschnur durchgefädelt und mittels Sackstich abgeknotet. Entscheidend für die Haltekraft ist der Querschnitt der Eissanduhr!

Die Anwendung: Die Eissanduhr kann als Verankerung zum Abseilen (Rückzug) verwendet werden oder als Verankerung beim Toprope-Klettern im Eis. Das Risiko des Ausschmelzens ist bei Eissanduhren wesentlich geringer als bei Eisschrauben.

■ **Toprope-Klettern im Eis**

Beim Toprope-Klettern im Eis muss beachtet werden, dass Eisschrauben durch direkte Sonnenbestrahlung bereits nach kurzer Zeit locker werden. Toprope-Stationen im Eis sollten daher immer an einer Eissanduhr errichtet werden. Die unbelasteten Eisschrauben schaffen Redundanz.

Achtung: Der Kletterer kann mit dem Eisgerät das Seil beschädigen oder durchtrennen. Professionelle Abhilfe schafft ein ca. 2,5 m langer Schutzschlauch. Eine einfache Alternative dazu bietet das Einbinden in eine ca. 3 m lange Sackstichschlinge, an deren Ende eine weitere, kurze Sackstichschlinge geknüpft wird.

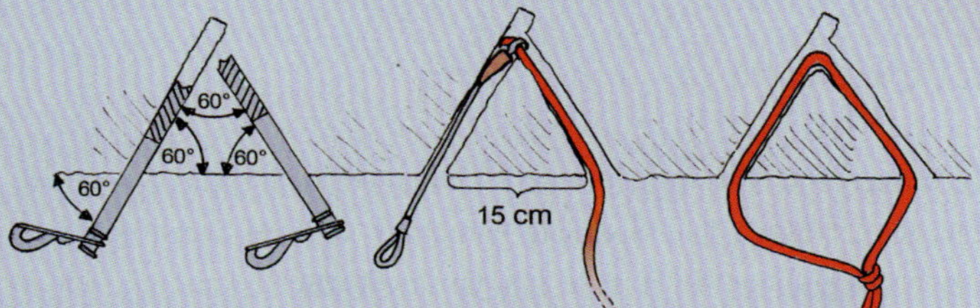

Eine Eissanduhr mit einer gefädelten Reepschnur oder einem Seilstück schafft einen soliden Fixpunkt (ca. 8 - 9 kN).

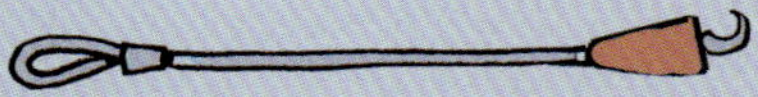

Eissanduhr-Fädler

Toprope-Station im Eis: Die Last hängt auf der Eissanduhr, der zusätzliche Standplatz an Eisschrauben schafft Redundanz.

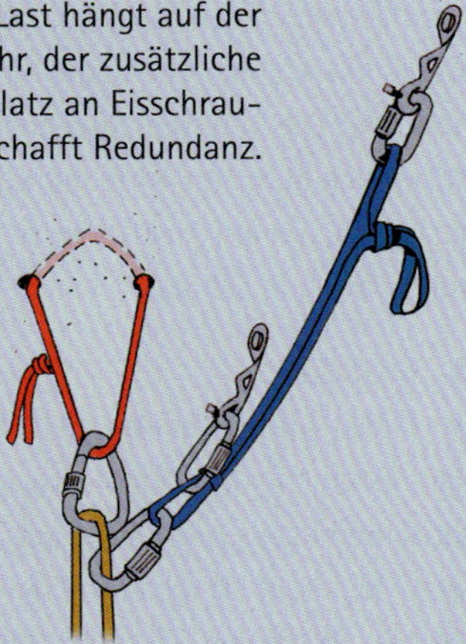

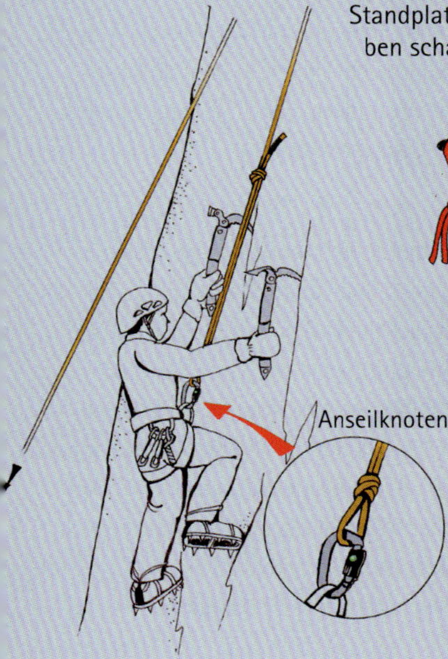

Toprope-Klettern im Eis
In die ca. 3 m lange Sackstichschlinge muss am unteren Ende eine weitere kurze Sackstichschlinge geknüpft sein.

standplatz im firn

In Schnee und Firn werden Verankerungen mit dem Pickel oder auch mit den Ski hergestellt. Spezielle "Firnanker", die auf Expeditionen als Verankerungen für Fixseile zum Einsatz kommen, konnten sich in den Alpen nicht durchsetzen.

■ T-Anker

Aufwändig, dafür aber sehr zuverlässig, ist der waagrecht und im rechten Winkel zur Belastungsrichtung eingegrabene Pickel. Wird der umgebende Schnee gut verdichtet, bietet ein T-Anker auch die Möglichkeit, einen Vorsteiger zu sichern.
Achtung: Die Bandschlinge, die im Schwerpunkt des Pickels mittels Ankerstich befestigt wird, muss möglichst flach in Zugrichtung auslaufen, um ein Aushebeln zu verhindern. Für die Bandschlinge muss dafür ein schmaler Schlitz gegraben werden.

■ Sitzpickel

Der Pickel wird lotrecht in den Schnee gerammt, so tief, dass die Haue noch knapp 10 cm herausragt. Eine kurze Bandschlinge (60 cm) wird nun mittels Ankerstich am Pickelschaft fixiert. Der Sichernde setzt sich dicht an die Pickelhaue und fixiert das Ende der Bandschlinge mit einem Schraubkarabiner im Anseilring. Die Partnersicherung mittels HMS oder Seilrollenklemme wird über beide Stränge der Bandschlinge eingehängt, um den "Ausgleich" zwischen Pickel und Anseilring zu nutzen. Mit dieser Technik erreichen wir deutlich höhere Haltekräfte als mit der klassischen Pickelsicherung. **Achtung:** Nur zum Nachstiegssichern geeignet.

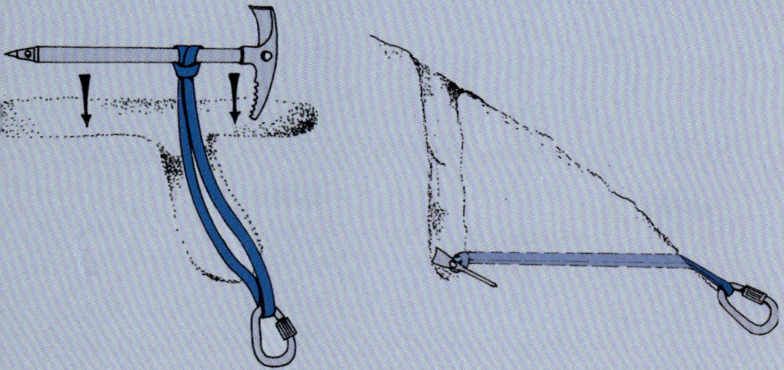

Der T-Anker (mind. 55 cm) ist die zuverlässigste Verankerung im Firn. Die Eingrabtiefe beträgt je nach Verhältnissen 30 - 50 cm.

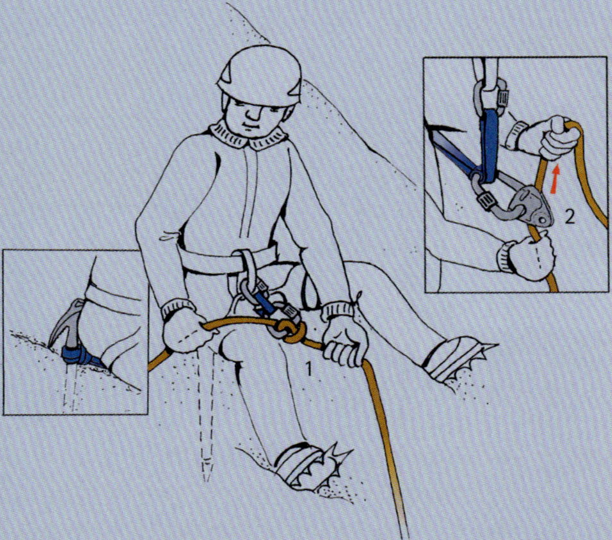

Sitzpickel mit HMS (1) und mit Seilrollenklemme (2): Der "Ausgleich" mittels Bandschlinge verteilt die Kräfte auf Pickel und Körper.

■ **Stehpickel**

Der Stehpickel ist eine Alternative zum Sitzpickel, um ein oder zwei Personen in einem Firnhang (bis ca. 40 °) nachzusichern. Erste Wahl ist der Stehpickel, wenn der Vorsteiger die Steilstufe überwunden hat und wieder im flachen oder mäßig steilen Gelände steht.

Aufbau: Der Eispickel (Pickel mit geradem Schaft und mind. 55 cm Länge sind Steileisgeräten eindeutig überlegen) wird senkrecht in den Firn eingerammt, die Haue ist quer zur Belastungsrichtung. Am Pickelkopf wird eine möglichst kurze (!) Umlenkung installiert - mittels Kurzprusik und Schrauber oder mit einem einzelnen Schrauber, der direkt in das Loch am Pickelkopf eingehängt wird. Je näher die Umlenkung am Pickelschaft ist, desto besser. Der Sichernde steht mit beiden Füßen auf der Pickelhaue und sichert im Anseilring mittels HMS oder mit der einer Seilrollenklemme (Mit dieser gelingt es wesentlich besser, Schlappseil zu verhindern.). Bei Belastung wird der Sichernde nach unten gezogen, der Pickel wird noch fester in den Firnschnee gedrückt und ein Kippen nach vorne verhindert.

Achtung: Seilrollenklemmen sind keine Sicherungsgeräte!
Wenn wir sie im Zusammenhang mit dem Sitz- und Stehpickel als die bessere Alternative zur HMS empfehlen, dann immer unter folgenden Voraussetzungen: (a) Der Sichernde ist mit der Klemme bestens vertraut, (b) der Nachsteiger bewegt sich möglichst in der Falllinie zum Standplatz, (c) in Steilgelände nur bis max. 45 ° Hangneigung, (d) Schlappseil kann verlässlich verhindert werden, (e) ein dynamisches Seil wird verwendet, keine statische Leine.

Die **Micro Traxion** ist nur in dieser speziellen Sicherungssituation eine Alternative zur HMS.

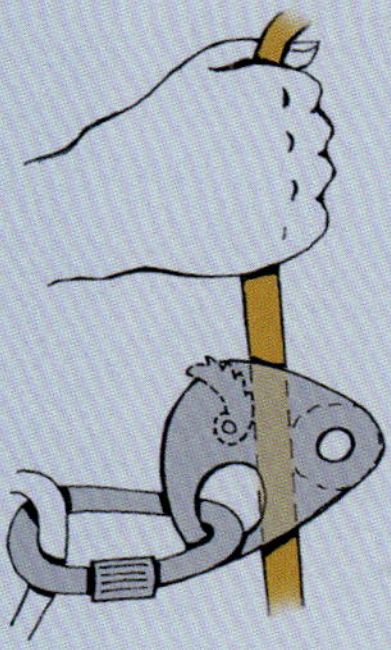

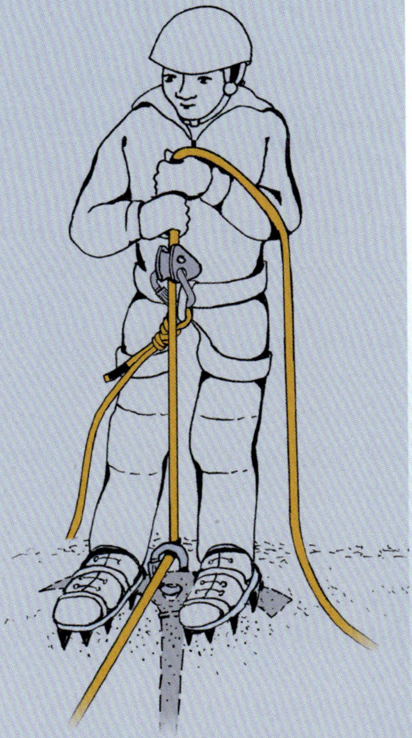

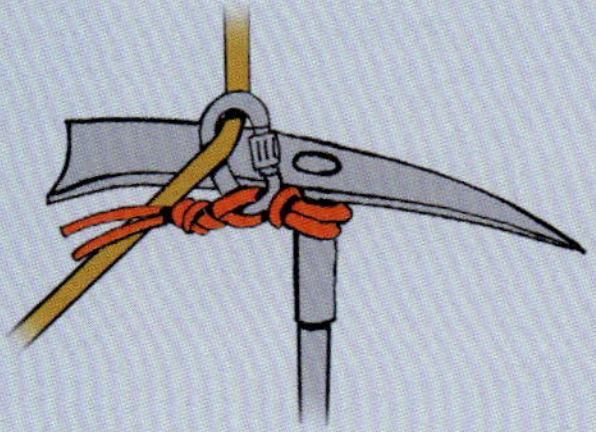

Die Umlenkung des Seils muss möglichst nahe am Pickel sein. Entweder mittels Kurzprusik (links) oder den Umlenkkarabiner (Schrauber) direkt in die Öse am Pickelkopf einhängen (oben).

■ **Verankerung mit Ski**

Im Winter sind die Ski die erste Wahl, um eine verlässliche Verankerung zu bauen (z. B. nach einem Spaltensturz).

Achtung: Beim Einrammen der Ski besteht das Risiko von Schnittverletzungen. Unbedingt Handschuhe tragen!

Methode 1: Beide Ski werden in ca. 40 cm Abstand hintereinander, schräg nach hinten geneigt, eingerammt und nach dem Prinzip der Ausgleichsverankerung mit einer Bandschlinge verbunden.

Achtung: Die Stahlkanten müssen zum Spaltenrand zeigen, damit die Bandschlinge nicht durchtrennt werden kann.

Methode 2: Beide Ski auf gleicher Höhe in ca. 30 cm Abstand mit Bindung Richtung Spalte lotrecht einrammen. Dann den Pickel mit befestigter Schlinge dahinter quer eingraben und festtreten.

Methode 3: Ski mit Lawinenschaufel tief genug (40 - 60 cm) quer eingraben. Diese Methode ist bei bei tiefem Pulverschnee empfehlenswert. Damit die Bandschlinge möglichst flach ausläuft, wird ein Schlitz gegraben.

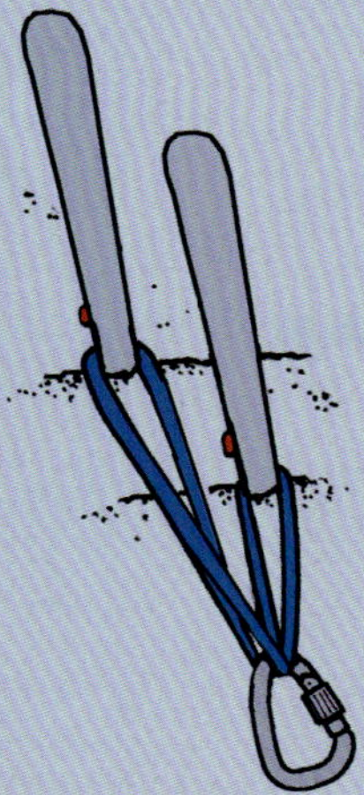

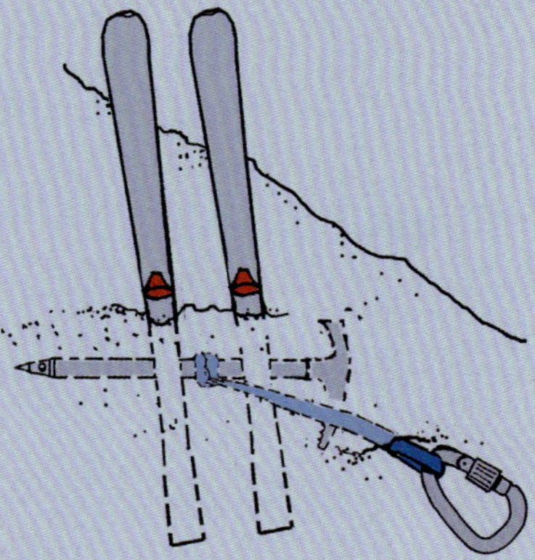

Methode 1: Verankerung mit Ski nach dem Prinzip der Ausgleichsverankerung. Die Stahlkanten schauen zum Spaltenrand, um die Bandschlinge nicht zu beschädigen.

Methode 2: Verankerung mittels Ski und Pickel.

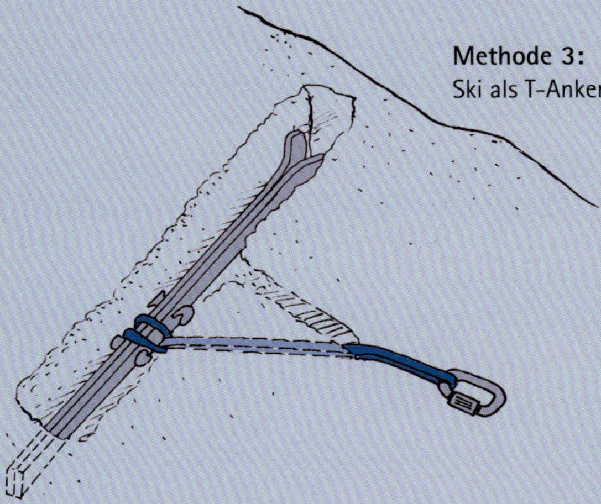

Methode 3:
Ski als T-Anker.

seilschaften

Das Anseilen am Fels oder Gletscher soll den Absturz einzelner oder mehrerer Teilnehmer der Seilschaft verhindern. Neben der klassischen Zweier- und Dreierseilschaft in Fels und Eis gibt es größere Seilschaften auf Gletschern und in leichtem Felsgelände (Blockgrat). Sich in einer Seilschaft zu bewegen, erfordert viel Können, Vertrauen und klare Kommunikationsregeln.

zweierseilschaft

Die Zweierseilschaft ist der häufigste Seilschaftstyp in Mehrseillängen. Sie ermöglicht das zeitsparende Klettern in Wechselführung (überschlagend klettern). Der Nachsteiger wird nach Erreichen des Standplatzes zum Vorsteiger. Grundsätzlich stehen der Zweierseilschaft drei Seiltypen zur Verfügung: Einfachseil, Halbseile oder Zwillingsseile. Zwei Seilstränge bei Verwendung von Halb- oder Zwillingsseilen bieten einen unschätzbaren Vorteil beim Abseilen. In langen, alpinen Kletterrouten sind diese Seiltypen dem Einfachseil klar überlegen.

In Ausnahmefällen bieten Halbseile zudem die Möglichkeit, in "Halbseiltechnik" zu klettern: In Zwischensicherungen werden die Seilstränge abwechselnd eingehängt. **Vorsicht:** Durch den reibungsarmen Seilverlauf und das dünne Seil ist die Bremskraft im Sicherungsgerät stark verringert, da nur ein Seilstrang belastet wird. Mit Zwillingsseilen ist diese Anwendung nicht erlaubt! Hier müssen in jede Zwischensicherung immer beide Seilstränge eingehängt werden (Zwillingsseiltechnik).

Zwillingsseiltechnik (links): In der Regel wird auch mit Halbseilen in dieser Technik geklettert. Achtung: Bei der Verwendung von Zwillingsseilen müssen immer (!) beide Seilstränge in jede Zwischensicherung eingehängt werden.

Halbseiltechnik (rechts): Die Halbseile können abwechselnd in die Zwischensicherungen eingehängt werden. Diese Technik ist nur für spezielle Fälle sinnvoll (Tradclimbs, Eisklettern, stark wechselnde Kletterrichtung).

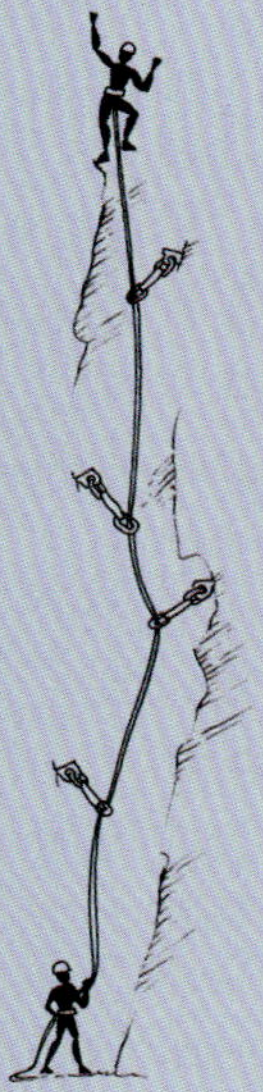

villingsseiltechnik

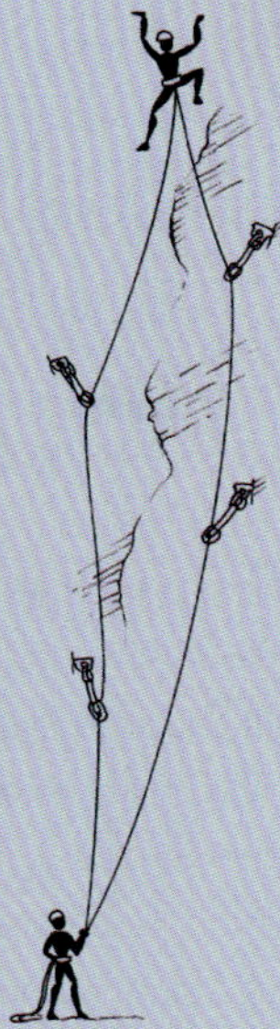

Halbseiltechnik

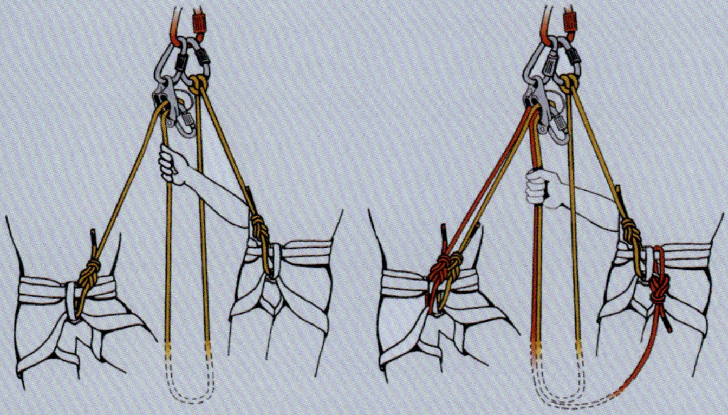

Zweierseilschaft mit Einfachseil (links) und mit Halb- oder Zwillingsseilen (rechts).

Zwillingstechnik - Halbseiltechnik

Das Klettern mit zwei Seilsträngen bringt große Vorteile beim Abseilen, da die doppelte Abseillänge zur Verfügung steht. Mit zwei Seilsträngen geht zudem das Seilriss-Risiko, das bereits bei einem Einfachseil sehr gering ist, gegen Null. Die Norm kennt zwei Seiltypen, die sich für das Klettern mit Doppelseil eignen: Halbseile für die Halbseil- und Zwillingsseiltechnik und Zwillingsseile, die ausschließlich in Zwillingsseiltechnik verwendet werden dürfen.

- **Zwillingsseiltechnik für Halb- und Zwillingsseile:** In jede Zwischensicherung werden immer beide Seilstränge eingehängt. Diese Technik wird heute primär angewendet, da sie seiltechnisch (Handling, Seilordnung) einfacher ist und die Vorteile der Halbseiltechnik in Zeiten von Bandschlingen (zum Verlängern) und in Routen mit Bohrhaken von untergeordneter Bedeutung sind.
- **Halbseiltechnik (Tradclimbs, Eisklettern):** In die Zwischensicherungen wird jeweils nur ein Seilstrang eingehängt. Nur mit Halbseilen ist diese Technik erlaubt! In Routen mit stark links-rechts versetzten Fixpunkten kann die Seilreibung verringert werden, indem man einen Halbseilstrang jeweils in die rechten, den zweiten in die links liegenden Zwischensicherungen einhängt. Ein zweiter Grund für die Anwendung dieser Technik ist die Entlastung der Zwischensicherung bei fragilen Fixpunkten (z. B. Eisschrauben in röhrigem Eis).

Achtung: Die Bremskraft im Sicherungsgerät ist stark verringert, da nur ein Halbseilstrang belastet wird! Das Sichern mit Handschuhen wird daher empfohlen. Zudem erfordert die Halbseiltechnik eine penible Seilordnung und zwei streng parallel geführte Seilstränge.

Wechselführung – permanente Führung

Beim Klettern in Wechselführung ("überschlagend klettern") wechseln sich die Partner in der Rolle des Vorsteigers ab. Der Nachsteiger wird zum Vorsteiger, dann wieder zum Sichernden. Damit entstehen am Standplatz kaum Umbauarbeiten, man ist schneller und das Seilmanagement am Standplatz einfacher. Die mentale Belastung beim Vorstieg wird auf beide Partner verteilt. Der Nachteil bei Wechselführung ist, dass der Nachsteiger, beim Standplatz angekommen, zum Vorsteiger wird und somit zwei Seillängen ohne nennenswerte Pause klettern muss. Wechselführung ist nur in der Zweierseilschaft sinnvoll.

Bei permanenter Führung durch einen Partner ist der seiltechnische Aufwand bzw. der Standplatzwechsel aufwändiger. Auch die Seilordnung aufrecht zu erhalten, das Übergeben des Restseils und das Übergeben des „Materials" (Expressen, Schlingen, Klemmkeile etc.) bringt Mehraufwand. In der Dreierseilschaft ist die permanente Führung die erste Wahl, ebenso in größeren Seilschaften.

dreierseilschaft

In der Dreierseilschaft ist Wechselführung nicht sinnvoll. Es steigt immer derselbe vor (permanente Führung). Dies erfordert am Standplatz jedesmal einen Umbau von Selbst- und Partnersicherung, wodurch dieser Seilschaftstyp (meistens) langsamer ist als die Zweierseilschaft. Aber es gibt auch Vorteile, die gerade bei extremen Unternehmungen deutlich hervortreten: In einer Dreierseilschaft

■ **Dreierseilschaft mit Halbseilen:**
Eine Dreierseilschaft wird mit zwei Halbseilen (keinesfalls mit Zwillingsseilen!) gebildet. Dadurch können beide Nachsteiger unabhängig klettern und optimal gesichert werden. Sicherungsgeräte vom Typ "Plate" sind optimal geeignet für das Sichern von zwei Partnern, die gleichzeitig an je einem Halbseilstrang nachsteigen. Die wichtigste Eigenschaft der Plate ist, dass sie selbständig blockiert, wenn ein Nachsteiger stürzt. Dadurch wird die Sicherungsarbeit für den Führer der Dreierseilschaft wesentlich entspannter. Die Seilstränge können bei ungleicher Klettergeschwindigkeit der Nachsteiger individuell bedient werden.

Tipp: Sicherungsgeräte, die Plate- und Tuber-Funktion vereinen (z. B. Petzl/Reservo, Black Diamond/ATC-Guide u.a.m.), sind heute Standard. Als Sicherungs- und Abseilgerät gehören sie heute zur Grundausstattung in Mehrseillängen.

Hinweis: Da die Plate bei Belastung nach unten automatisch blockiert, ist es zunächst nicht möglich, dem Nachsteiger Seil zu geben oder ihn abzulassen (siehe dazu Kapitel "Ablassen")

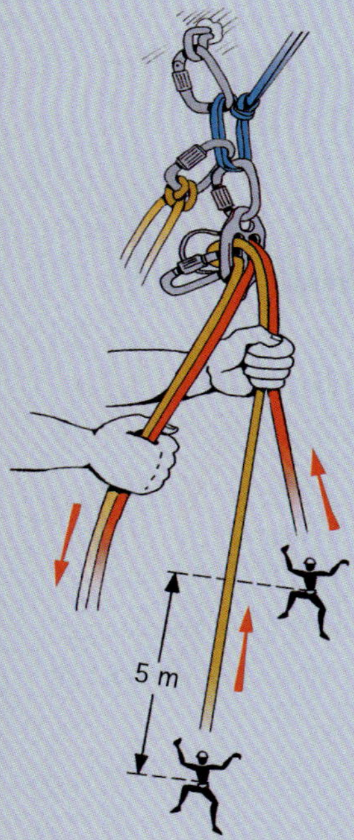

Dreierseilschaft mit Halbseilen:
Die beiden Nachsteiger werden mit einer "Plate" gesichert. Der Abstand zwischen ihnen beträgt mindestens 5 m.

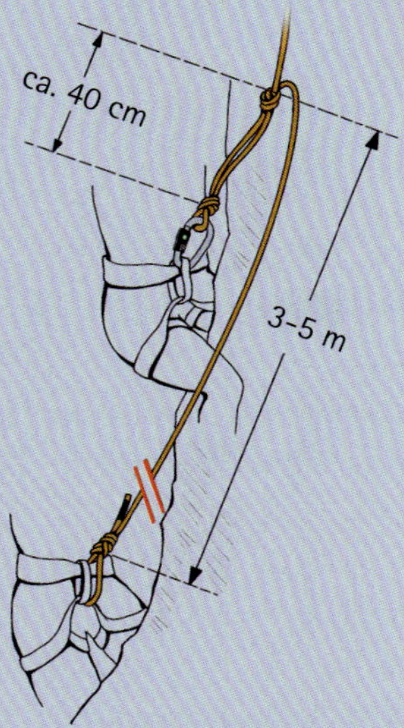

Dreierseilschaft mit Einfachseil und "Seilweiche":
Der Mittelmann wird in einer ca. 40 cm langen Sackstichschlinge (Seilweiche) eingehängt, um dadurch mehr Bewegungsfreiheit zu erreichen. Die Verbindung zum Gurt erfolgt mittels einer kurzen Sackstichschlinge und einem 3-Wege-Karabiner. Der Abstand zwischen den beiden Nachsteigern beträgt 3 bis maximal 5 m.

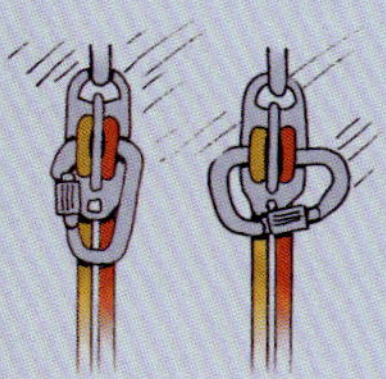

Der Blockierkarabiner (quer oder längs) muss ein Schraubkarabiner sein. Die Bewegungsfreiheit dieses Karabiners muss gewährleistet sein - nicht den Karabiner Richtung Fels platzieren!

größere seilschaften

Nur in mäßig steilem Gelände, ohne das Risiko eines freien Falles, können mehr als zwei Partner (3 bis max. 4) an soliden Fixpunkten nachgesichert werden. Auf geführten Hochtouren kann dieser Seilschaftstyp notwendig sein. Z.B. am abschließenden Felsgrat zum Gipfel – dann wird die Gletscherseilschaft zur Kletterseilschaft umgebaut. Zur Anwendung kommt ein Einfachseil, die Nachsteiger sind mittels Karabiner und Achterschlinge eingebunden, im Abstand von max. 3 m. Auf eine "Seilweiche" verzichten wir. Zum Nachsichern wird üblicherweise die HMS verwendet.

Achtung: Besondere Sorgfalt ist auf den Seilverlauf zu legen. Sturzbelastungen über scharfe Kanten müssen verhindert werden!

Tipp: Handschuhe beim HMS-Sichern verwenden. Sie verbessern den Grip am Seil und schützen die Hand bei Seildurchlauf.

Der Vorsteiger errichtet einen Standplatz und sichert seine Partner mittels HMS (seltener Plate) nach.

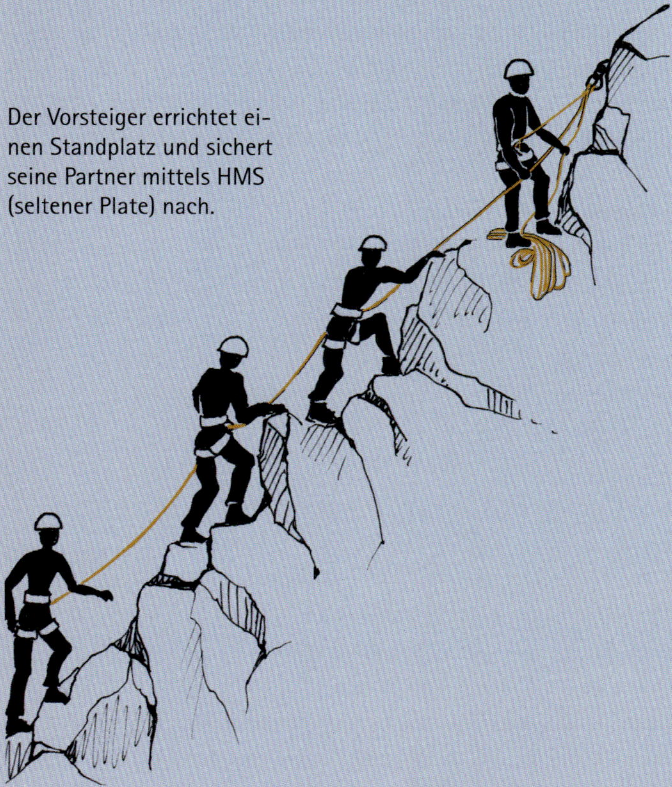

seilkommandos

Durch klare Kommunikationsregeln muss sichergestellt werden, dass immer alle Seilschaftspartner gesichert sind: Der Sichernde durch seine Selbstsicherung, der Vor- bzw. der Nachsteiger durch den sichernden Partner. Seilkommandos müssen kurz und eindeutig sein. Die wichtigsten Kommandos sind "Stand" und "Nachkommen" – gegebenenfalls in Verbindung mit dem Namen des Partners, wenn mehrere Seilschaften unterwegs sind: "Heinz, nachkommen!"

Seilkommandos im Detail:

■ Vorsteiger: "Stand!" Standplatz ist aufgebaut, der Vorsteiger selbstgesichert. Jetzt darf der Nachsteiger die Partnersicherung aushängen.

■ Nachsteiger: "Seil ein!" Der Nachsteiger hat die Partnersicherung ausgehängt, der Vorsteiger kann das Seil einholen.

■ Nachsteiger: "Seil aus!" Seil ist eingezogen, Vorsteiger hängt Partnersicherung ein.

■ Vorsteiger: "Nachkommen!" Der Vorsteiger hat die Partnersicherung eingehängt. Erst jetzt darf der Nachsteiger seine Selbstsicherung lösen!

■ Nachsteiger: "Ich komme!" Der Nachsteiger beginnt zu klettern.

Eingespielte Teams kommen mit den Seilkommandos "Stand" und "Nachkommen" aus. Oft ist es allerdings wichtig, sich wortlos zu verständigen und mit seinem Partner entsprechende Zeichen zu vereinbaren: z. B. dreimaliges, ruckartiges Ziehen am Seil heißt "Stand". Wiederum dreimaliges, ruckartiges Ziehen nach dem Einziehen des Restseiles und Einlegen der Partnersicherung heißt "Nachkommen". Sich durch Handzeichen zu verständigen, ist eine weitere Möglichkeit.

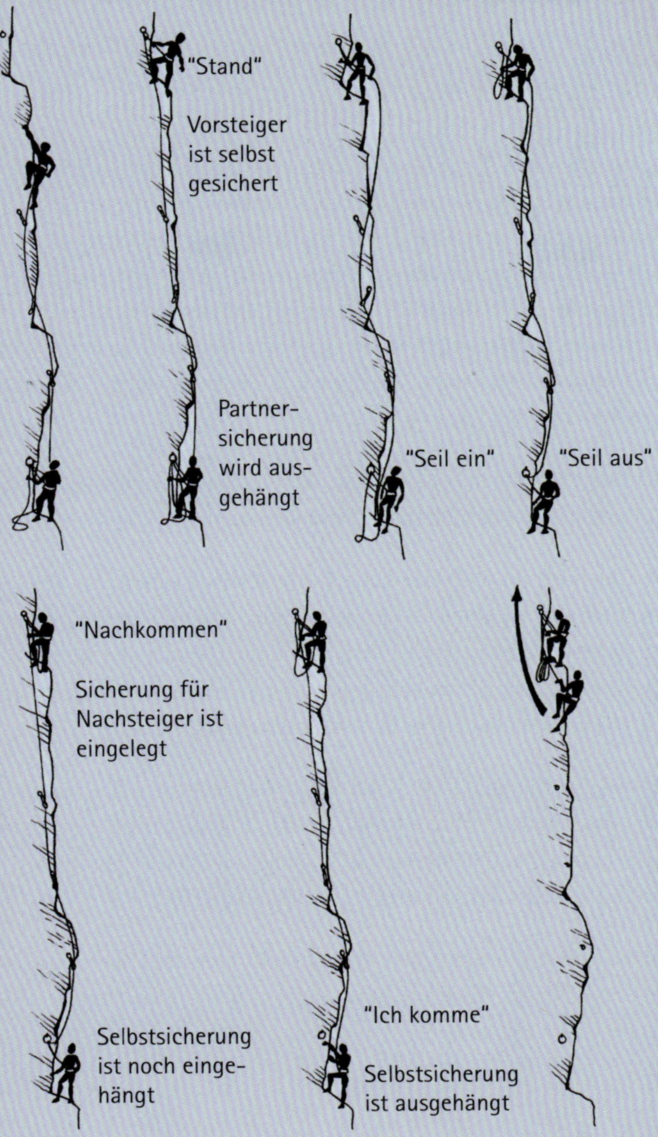
"Stand"
Vorsteiger ist selbst gesichert
Partnersicherung wird ausgehängt
"Seil ein"
"Seil aus"
"Nachkommen"
Sicherung für Nachsteiger ist eingelegt
Selbstsicherung ist noch eingehängt
"Ich komme"
Selbstsicherung ist ausgehängt

gletscherseilschaften

Auf schnee- und firnbedeckten Gletschern besteht das Risiko, unvermutet durch die Schneedecke zu brechen und in eine Gletscherspalte zu stürzen. Eine Besonderheit der Gletscherseilschaft ist, dass eine Aufgabentrennung in Sichern und Fortbewegen aus Zeitgründen nicht möglich ist. Daher besteht das Risiko, durch den Sturz eines Partners mitgerissen zu werden. Sehr wichtig in der Gletscherseilschaft ist darum "Seildisziplin": Möglichst wenig Schlappseil zwischen den Partnern!

Achtung: Nur durch konsequentes Anseilen auf Gletschern kann der Absturz in eine Gletscherspalte verhindert werden.

■ **Einbinden ins Seil:** Eine kurze Achterschlinge wird in das Seil geknotet und mit einem 3-Wege-Karabiner im Anseilring eingehängt. Steht dieser Karabinertyp nicht zur Verfügung, empfehlen wir das Anseilen mit zwei Schraubern gegengleich oder mit gestecktem Sackstich ("Führerknoten") oder mittels Ankerstich (siehe Seite 21).

■ **Anseilabstände 8 – 10 – 12 m:** Der Mindest-Anseilabstand in einer größeren Gletscherseilschaft beträgt 8 m. In der Dreierseilschaft verlängern wir auf mindestens 10 m, in der Zweierseilschaft auf 12 bis 15 m. Das Restseil wird im Rucksack verstaut.

Thema Restseil: In der Regel versorgt der Führer, der Erfahrenste, das Restseil in seinem Rucksack. In der Zweier- und Dreierseilschaft sollte das Restseil auch auf den ersten und den letzten Partner verteilt werden.

roße Seilschaften sind der wirksamste Schutz gegen die Mitreißgeahr auf flachen Gletschern. Der Anseilabstand beträgt mind. 8 m, die naximale Größe einer Gletscherseilschaft somit sieben Personen (bei 0 m Seil).

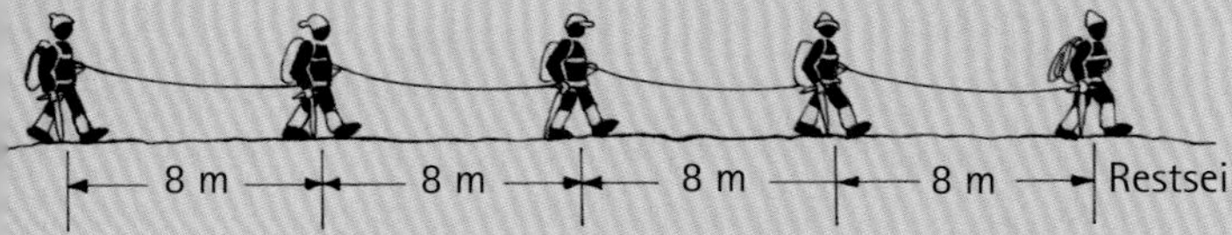

Dreierseilschaft: Die Mitreißgefahr stellt für die Dreierseilschaft bereits ein Risiko dar. Wir empfehlen je drei Bremsknoten (Schmetterlingsknoten oder kurze Sackstichschlingen) und die Verlängerung des Anseilabstandes auf mindestens 10 m.

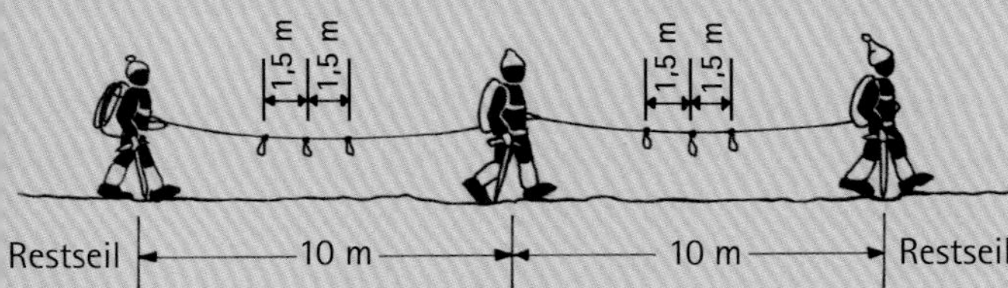

Zweierseilschaft: Die Zweierseilschaft ist auf Gletschern besonders gefährdet. Wenn möglich, sollte eine größere Seilschaft gebildet werden (z.B. eine Viererseilschaft mit einer fremden Zweierseilschaft). Der Anseilabstand beträgt nun mindestens 12 m. Drei Bremsknoten sind ein Muss. **Wichtig:** Beide Partner müssen in Sachen Rettungstechnik absolut fit sein.

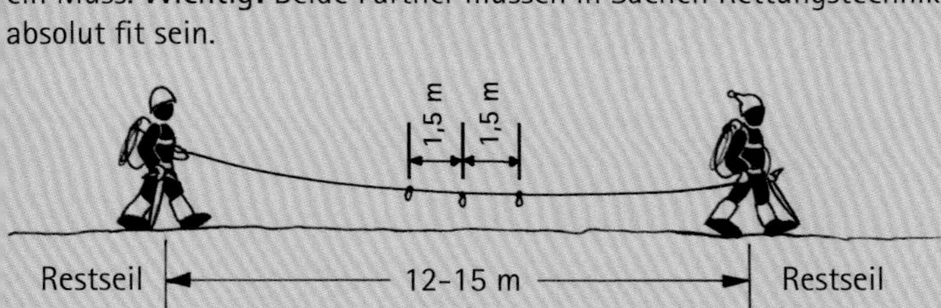

partnersicherung in mehrseillängen

Partnersicherung in Mehrseillängen oder im alpinen Gelände ist deutlic komplexer als in Halle und Klettergarten. Schwierigkeit, Charakter der Route und Seilschaftsgröße entscheiden über die Methode, wie und wo wir sichern. Vor der Wahl der konkreten Methode ist zu entscheiden, ob wir an einem Standplatz oder ohne fixen Standplatz sichern.

Zwischensicherungen

Anzahl und Qualität der Zwischensicherungen beeinflussen das Risiko entscheidend. Eine erste Zwischensicherung 1 bis 2 m über dem Standplatz wird dringend empfohlen. Auch dann, wenn wir im leichten Gelände klettern, sollten wir alle 6 bis 8 m eine weitere Zwischensicherun anbringen. Vorhandene Fixpunkte sind kritisch zu bewerten und müsser gegebenenfalls durch mobile Sicherungsmittel ergänzt werden.

Partnersicherung am Standplatz

In Klassikern im 4. bis 6. Grad (weite Hakenabstände), wo der Sturz des Vorsteigers ohnehin nicht vorkommen sollte, ist die HMS-Methode im Zentralpunkt sinnvoll. Heute werden aber vermehrt schwierigere und besser gesicherte Routen geklettert. In diesen Routen können wir durch die Sicherung des Vorsteigers über den Körper präziser sichern und unnötiges Schlappseil vermeiden. Wir empfehlen hier – analog zum Sicher in Kletterhallen und Klettergärten – das Sichern mit Halbautomaten bzw. Autotubes. Die Annahme, durch Verwendung eines Tubers einen Sturz dynamisch bremsen zu können, ist unrealistisch! Für das Sichern der Nachsteiger hat sich die Plate als Standard etabliert.

■ Methode 1: Halbautomat/Autotube für Vorstieg, Plate für Nachstieg

Optimale Sicherungsmethode für die Zweier- und Dreierseilschaft in schwierigeren und gut gesicherten Routen, wo genügend Zwischensicherungen einen weiten Sturz (über 10 m) ausschließen. Durch das Sichern des Vorsteigers über den Anseilring am Körper kann das Seil exakt ausgegeben und eingeholt werden. Der größte Vorteil durch die Sicherung mit einem Halbautomat besteht darin, dass der Sichernde auch einen unerwarteten Sturz verlässlich halten kann. Selbst für den Fall, dass der Sichernde hochgerissen wird und das Sicherungsgerät auslässt, blockiert der Halbautomat selbständig. Wichtig ist, dass der Sichernde permanent mit seinem Körpergewicht die Selbstsicherung voll belastet und ca. eine Armlänge weit vom Zentralpunkt entfernt ist. Bei Verwendung von Doppelseilen benötigt man einen Halbautomaten, der die Sicherung mit zwei Seilen ermöglicht (z. B. Mega Jul). Ein Vorteil dieser Halbautomaten bzw. Autotubes ist, dass die Seile parallel bleiben und sich nicht (wie bei der HMS) ineinander verdrehen. Für das Sichern von ein oder zwei Nachsteigern ist die Plate das optimale Sicherungsgerät.

Achtung: Beim Vorstiegssichern am Körper muss eine direkte Sturzbelastung nach unten in das Sicherungsgerät verhindert werden! Dies gelingt durch Einhängen der ersten Expressschlinge in den oberen Standbohrhaken. Bei Stand an Normalhaken oder Klemmkeilen wird als erste Zwischensicherung ein Schrauber in den Zentralpunkt gehängt.
Hinweis: Bei Sicherung mit Grigri kann nur mit Einfachseil geklettert werden!

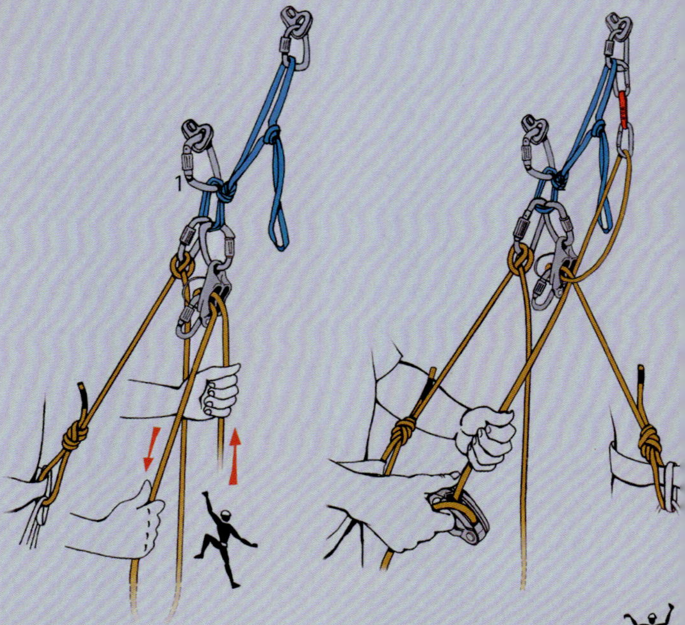

Methode 1:
(1) Der Nachsteiger wird mit Plate im Zentralpunkt gesichert.
(2) Ist der Nachsteiger am Stand, wird für die Vorstiegssicherung im Anseilring der Halbautomat (hier: Grigri) angebracht. Dann wird eine Expressschlinge in den oberen Standkarabiner gehängt. In diese wird das Seil des Vorsteigers eingehängt. Die Plate wird nun entfernt und vom Vorsteiger mitgenommen.
(3) Erst jetzt wird die Plate-Sicherung entfernt, die der Vorsteiger für den nächsten Standplatz mitnimmt.

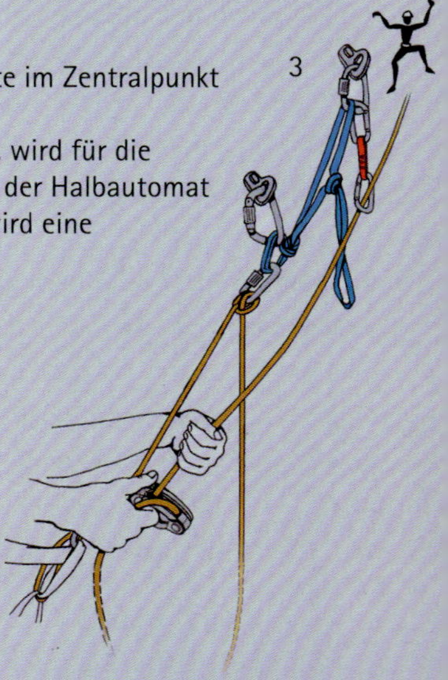

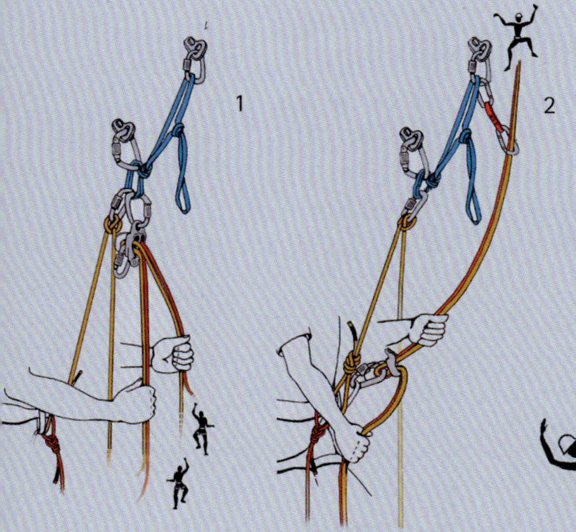

Methode 2:
(1) Der oder die Nachsteiger werden mit Plate gesichert.
(2) Der Sichernde installiert den Tuber im Anseilring für die Vorstiegssicherung. Im oberen Bohrhaken wird eine Expressschlinge als erste Zwischensicherung eingehängt und in diese das Seil (die Seile) des Vorsteigers. Erst jetzt wird die Plate entfernt und vom Vorsteiger mitgenommen.

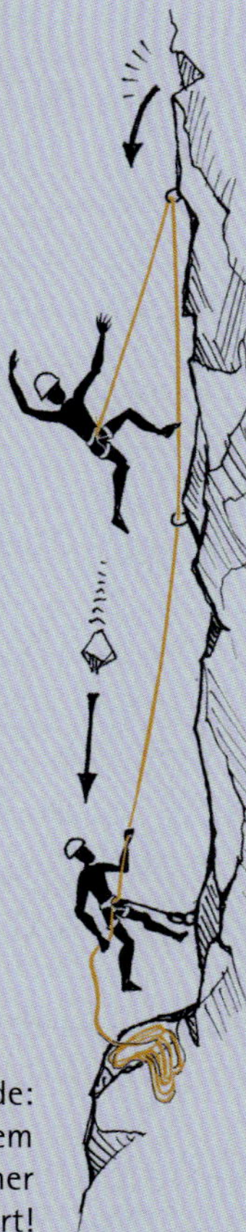

Nachteil dieser Methode:
Wenn der Sichernde aus irgend einem Grund "ausfällt", ist der Seilpartner nicht mehr gesichert!

■ Methode 2: Tuber für Vorstieg, Plate für Nachstieg

Diese Methode ist nach wie vor verbreitet. Der Nachteil ist, dass beim "Ausfall" des Sichernden keine Partnersicherung mehr gegeben ist! Steinschlag, Kollision mit dem stürzenden Vorsteiger oder Loslassen des Bremsseils aufgrund des Sturzzuges können Ursachen für den Ausfall des Sichernden sein.
Für den Nachstieg: Die Verwendung der Plate ermöglicht, dass gleichzeitig zwei Kletterer gesichert werden können.

■ Methode 3: HMS für Vorstieg, Plate für Nachstieg

Methode für die Zweier- und Dreierseilschaft in alpinen Routen mit weiten Hakenabständen oder wenn die Nachsteiger wenig Erfahrung mit dem Sichern des Vorsteigers haben ("Bergführersituation"). Die verlässliche Sicherung von zwei gleichzeitig nachsteigenden Partnern, bei denen jeder an einem eigenen Seil gesichert ist, ist nur mit einer Plate sinnvoll!
Tipp: Am Standplatz kann die Plate auch gleich zur Selbstsicherung der Nachsteiger verwendet werden. Dafür muss knapp hinter der Plate-Sicherung eine Sackstichschlinge („Stoppknoten") in die Seile geknotet werden. Der Vorsteiger wird mittels HMS gesichert und hat eine weitere Plate für den nächsten Standplatz dabei.
Achtung: Neue oder besonders dünne Seile können in der Plate rutschen. Unbedingt einen Stoppknoten knüpfen und die Selbstsicherung immer voll belasten!

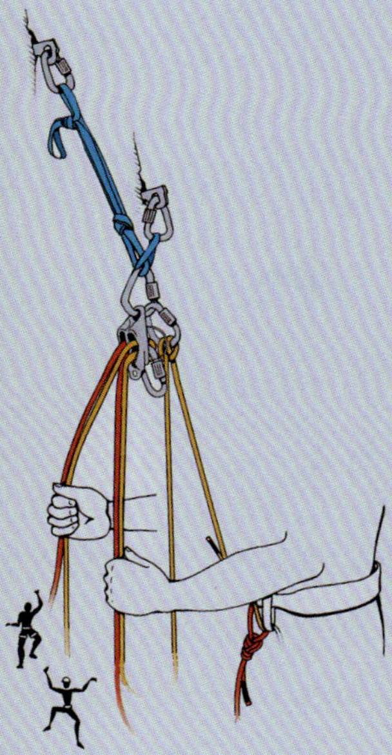

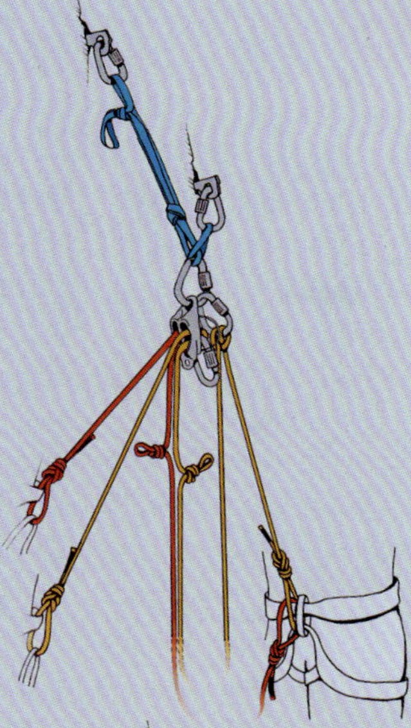

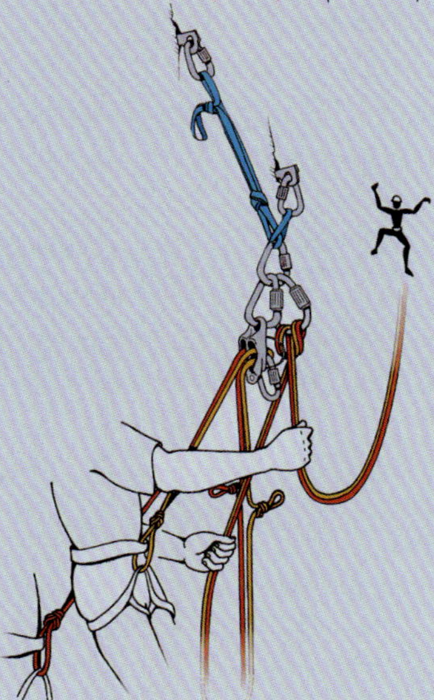

Methode 3 am Beispiel der Dreierseilschaft:

(1) Die Nachsteiger werden mit Plate gesichert.
(2) Die Plate und zwei Sackstichschlingen dienen den Nachsteigern als Selbstsicherung.
(3) Der Vorsteiger wird im Zentralpunkt mittels HMS gesichert.

■ Methode 4: HMS für Vorstieg und Nachstieg

Diese Methode der Partnersicherung wird von Zweierseilschaften, vorrangig in klassischen Felsrouten (3. bis 5. Grad), angewendet. Alle Seiltypen können verwendet werden: Einfachseil, Halbseile und Zwillingsseile.

Vorteil: Beim Führungswechsel ist am Standplatz kein Umbau erforderlich.

Nachteil: Krangelbildung und Schlappseil beim Sichern des Vorsteigers.

Hinweis: Falls in einer Dreierseilschaft geklettert wird, muss zum Nachsichern eine Plate verwendet werden! Am Standplatz erfolgt dann der Umbau auf die Vorstiegssicherung mit HMS.

Methode 4:

Die HMS bleibt für Vor- und Nachsteiger im Zentralpunkt.

Wichtig: Beim Sichern des Vorsteigers das Schlappseil möglichst kurz halten.

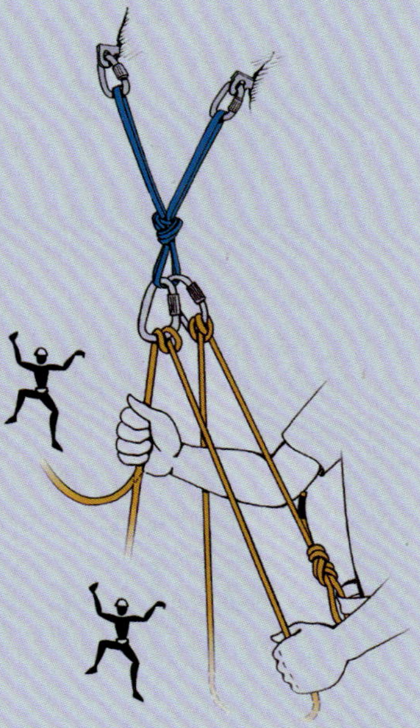

Anwendung mit Einfachseil im Zentralpunkt.

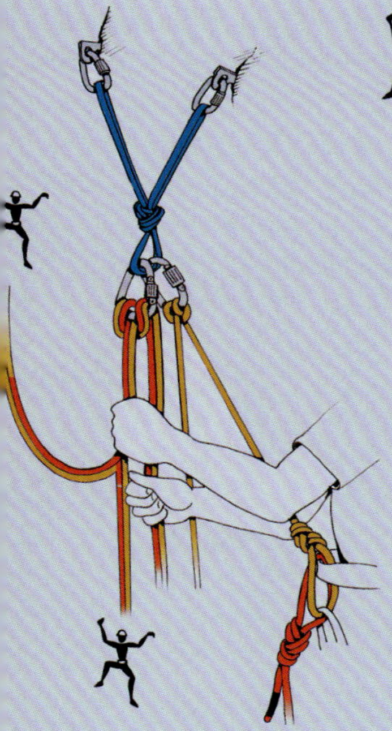

Anwendung mit Halb- oder Zwillingsseilen im Zentralpunkt.

■ Methode 5: Fixseil

Eine einfache Methode, um mehrere Personen rasch über eine absturzgefährdete Steilpassage im Firn/Eis zu sichern, bietet das Fixseil. Voraussetzung für diese Methode ist, dass der Wegverlauf möglichst geradlinig und nahe der Falllinie ist. Als Fixpunkt können ein T-Anker, ein Sitz- oder Stehpickel, eine Eisschraube, eine Kopfschlinge oder ein Bohrhaken verwendet werden. Als ideale Absturzsicherung dient der Prusik-Klemmknoten. Alternativ kann ein Tibloc verwendet werden - allerdings nur für den Aufstieg.
Achtung: Bei falscher Anwendung - Umschließen des Prusiks/Tiblocs mit der Hand – versagt die Klemmwirkung!

ixseil in Steilflanke:
)as Seil, oben an einem T-Anker
ixiert, wird vom Letzten in der
iruppe gespannt. In einem Abstand
on ca. 8 m steigen die Partner auf.
)er Schlussmann wird mittels HMS
ıachgesichert.

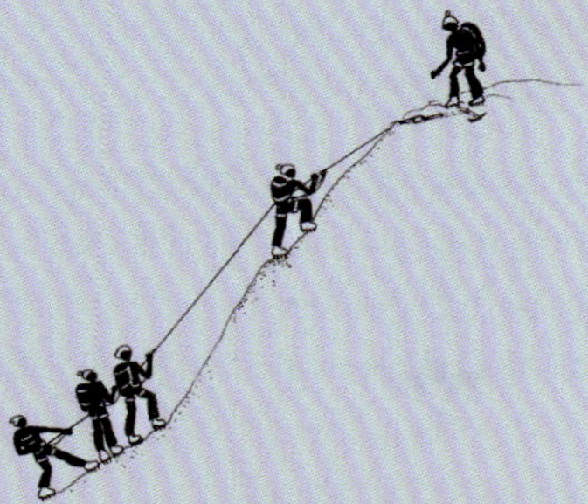

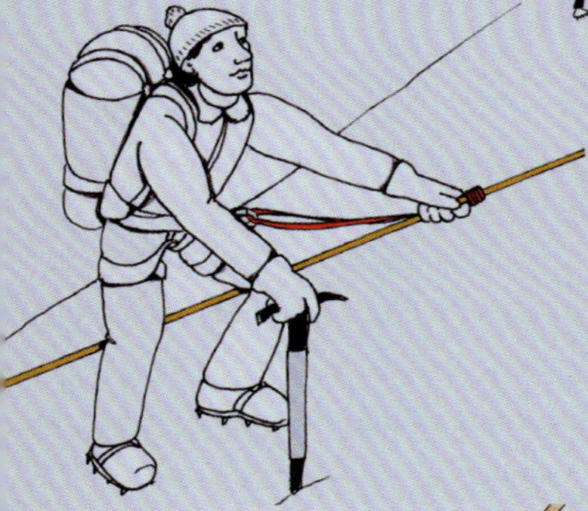

Selbstsicherung durch Prusik-Reepschnur:
Die Hand ist unterhalb des Prusiks und schiebt diesen nach oben.
Achtung: Die Handposition direkt am Prusik kann dessen Klemmwirkung verhindern.

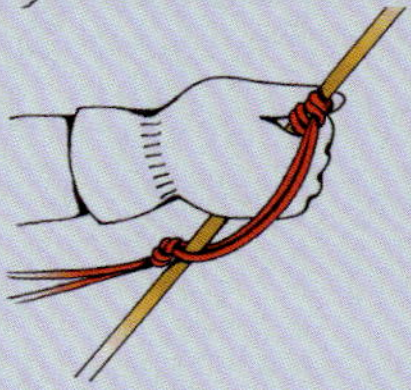

Degengriff: Durch einen Sackstichknoten unterhalb des Prusiks entsteht eine Reepschnurschlaufe, die einen bequemen Haltegriff ergibt.

elbstsicherung mit
ibloc-Seilklemme:
)er Tibloc darf nie mit der
land umschlossen wer-
len! Nur die dargestellte
Anwendung garantiert die
3remswirkung und verhin-
lert die Beschädigung des
eilmantels.

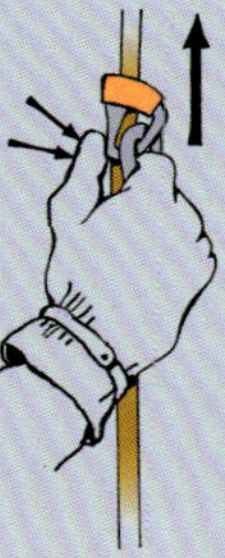

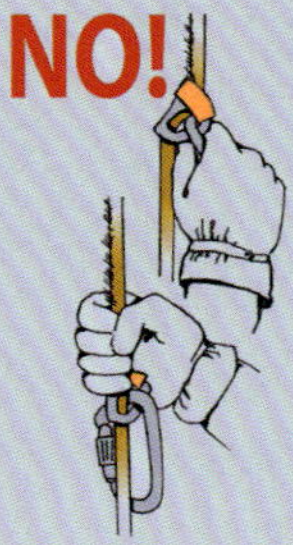

partnersicherung ohne standplatz

Die Problematik ist offensichtlich: Partnersichern mittels Seil - aber ohne Standplatz - birgt das Risiko, dass im Falle eines Sturzes die gesamte Seilschaft abstürzt. Trotzdem gibt es Situationen, in denen solche Techniken seriös angewendet werden können. Dann, wenn Gelände und Schwierigkeiten es erlauben und genügend Eigenkönnen und Erfahrung vorhanden sind.

■ Gestaffeltes Klettern

Gestaffeltes Klettern ist primär eine Technik in geführten Seilschaften (professionell oder auch privat) in leichtem Kletter- und Gehgelände. Passagen, in denen Partner gesichert werden müssen, und Gehgelände, das ungesichert bewältigt werden kann, wechseln laufend. Gestaffeltes Klettern setzt sich somit zusammen aus Klettern von Standplatz zu Standplatz und Passagen, die zwar angeseilt, aber nicht gesichert begangen werden. Der Vorsteiger muss den Schwierigkeiten deutlich überlegen sein, weil er ungesichert klettern muss. Dadurch wird das Einrichten von Standplätzen vereinfacht und der gesamte Seilschaftsablauf stark beschleunigt.

Anwendung: Die Herausforderung dieser Führungstechnik liegt darin, das Gelände und den oder die Seilpartner richtig einzuschätzen. Es gilt zu erkennen, wann gleichzeitiges Gehen zu verantworten ist und wann gesichert werden muss. Die Schlüsselfrage lautet: Besteht für meinen Partner Absturzgefahr? Wenn JA, dann muss an einem Fixpunkt gesichert werden. Wenn NEIN, kann gleichzeitig in knappen Abständen gegangen werden. Das Seil hat keine Sicherungsfunktion und wird in Schlingen in der Hand getragen ("gemeinsamer Seiltransport").

Dreierseilschaft mit "Seilweiche": Wird die Dreierseilschaft mit einem Einfachseil gebildet, wird der Mittelmann in einer ca. 40 cm langen Sackstichschlinge (Seilweiche) mittels 3-Wege-Karabiner eingehängt, um dadurch mehr Bewegungsfreiheit zu erreichen. Der Abstand zwischen den beiden Nachsteigern beträgt ca. 3 m.

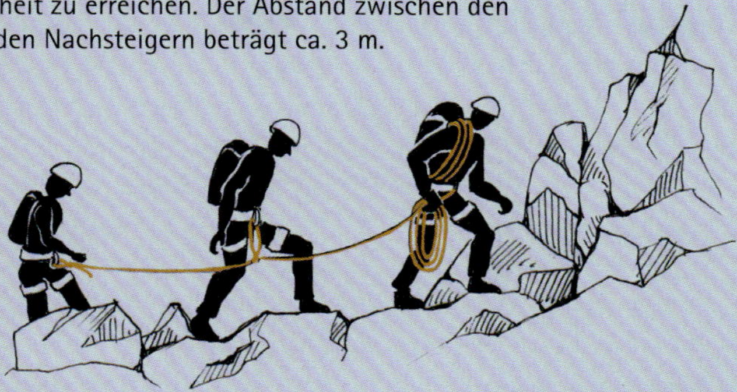

Eine Steilstufe, die Schwierigkeiten nehmen zu, es besteht Absturzgefahr: Die Teilnehmer bleiben selbstgesichert und geben das Seil ohne Partnersicherung aus. Der Führer verlängert das Seil nach Einschätzung des Geländes und steigt ungesichert vor.

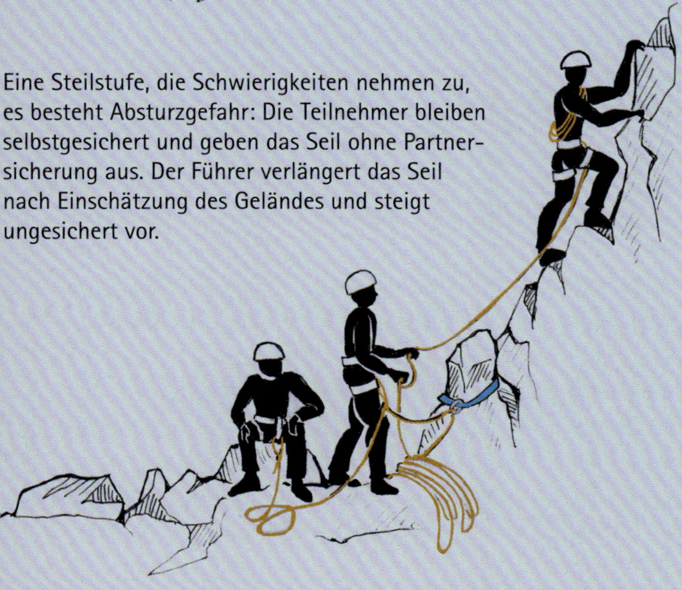

■ Klettern am laufenden ("gleitenden") Seil

Das gleichzeitige und gesicherte Gehen am laufenden Seil setzt aufgrund der Mitreißgefahr die Fähigkeit voraus, das Gelände richtig einzuschätzen: Klettertechnisch leichtes Gelände (bis Grad 3+), solide Fixpunkte, zwischen denen das Seil geführt wird, Seilverlauf mit etwas Reibung, mäßig steiles Gelände, häufig mit waagrechten Passagen. Weiters müssen die Partner gleich schnell klettern - kein Schlappseil!

■ Kurzes Seil

Gehen am "Kurzen Seil" bedeutet, dass Führer und Geführter in Passagen mit Absturzgefahr gleichzeitig gehen - ohne Standplatz oder Zwischensicherungen! Ein Sturz des Geführten muss zu jeder Zeit verhindert werden können. Gehen am kurzen Seil ist daher die heikelste Methode der Parntersicherung! Sie ist Bergführern und sehr erfahrenen Bergsteigern vorbehalten.
Wichtig: Der Sturz des Geführten muss bereits im allerersten Moment wahrgenommen und gestoppt werden, noch bevor sich Sturzenergie aufbauen und ein starker Kraftimpuls entstehen kann.

Voraussetzungen und Grenzen:

- Der Führer ist den technischen Schwierigkeiten weit überlegen.
- Schulung und intensives Üben.
- Beschränkung auf eine, maximal zwei geführte Personen.
- Nicht möglich, wenn der Führer beide Hände zum Klettern benötigt.
- Neben der richtigen Technik sind schnelle Reaktion und der Gewichtsunterschied zwischen Führer und Geführtem entscheidend.

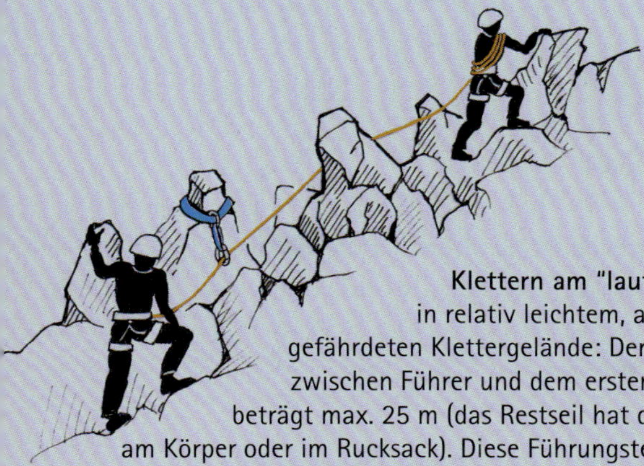

Klettern am "laufenden Seil" in relativ leichtem, aber absturzgefährdeten Klettergelände: Der Seilabstand zwischen Führer und dem ersten Teilnehmer beträgt max. 25 m (das Restseil hat der Führende am Körper oder im Rucksack). Diese Führungstechnik bleibt auf zwei Nachsteiger im Abstand von max. 5 m beschränkt.

Gehen am "Kurzen Seil":
Der Seilabstand zwischen Führer und Geführtem ist bergauf ca. 1 - 1,5 m. Nach unten geführt ist der Abstand kürzer (max. 1 m). Das Seil ist stets gespannt, damit ein Ausrutscher sofort bemerkt und der Sturz im ersten Ansatz verhindert wird. Die Seilspannung steuert der Führer mit der Bremshand, der Arm ist angewinkelt und gleicht die Gehbewegung aus - so wird der Bremsweg verkürzt.

Sackstichschlinge:
Bessere Haltekraft. Die Schlinge ist so positioniert, dass - bei nach hinten gestrecktem Arm - das Seil zum Anseilpunkt des Führers gespannt ist. So entsteht kein Ruck, wenn der Führer das Seil auslässt.

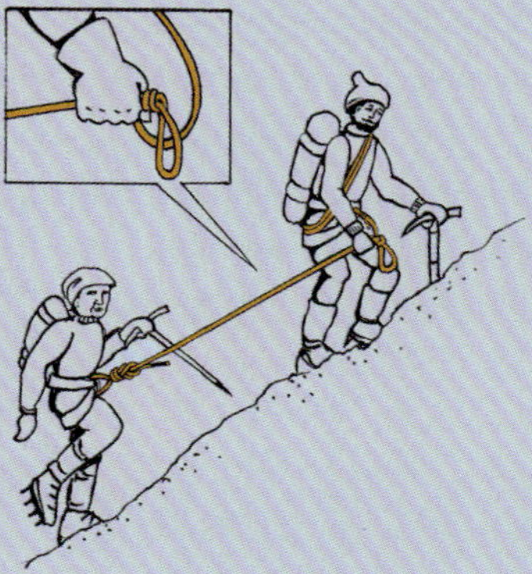

■ Tibloc-Technik

Die folgende Technik ist für Stresssituationen konzipiert, die ein gleichzeitiges, aber dennoch gesichertes Klettern der beiden Seilschaftspartner sinnvoll machen: z. B. Steinschlag in einer Eisflanke, Gewitter auf einem Grat, einbrechende Dunkelheit oder bei einer Speedbegehung.

Technik: Der Tibloc wird als Rücklaufsperre mit HMS-Karabiner in einem Fixpunkt mit Standplatzqualität eingehängt. Bei dieser Technik muss der Tibloc so eingehängt werden, dass er bei Sturzbelastung des Nachsteigers das Seil blockiert. Der HMS-Karabiner muss bei dieser Anwendung ausnahmsweise das Seil im Tibloc umschließen!

Achtung: Der Tibloc darf nur mit einem HMS-Karabiner mit ovalem Querschnitt im Fixpunkt hängen - ohne jegliche Verlängerung! Nur so ist gewährleistet, dass der Nachsteiger im Fall eines Sturzes den Vorsteiger nicht aus der Wand reißen kann.

Wichtig: Diese Methode muss in stressfreier Umgebung eingehend geübt werden und benötigt 100 % Disziplin in der Seilschaft. Der Nachsteiger muss mit möglichst wenig Schlappseil klettern.

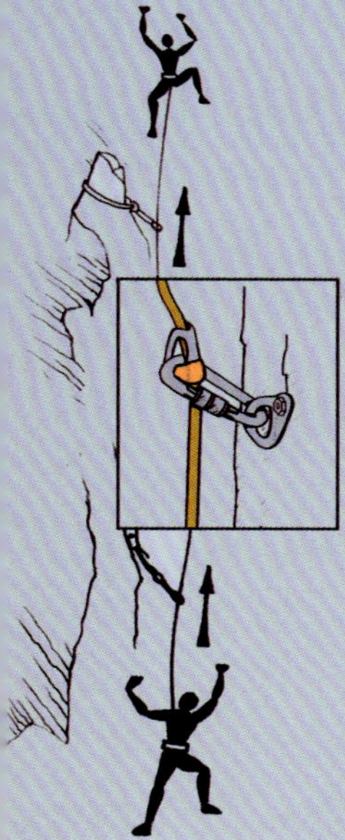

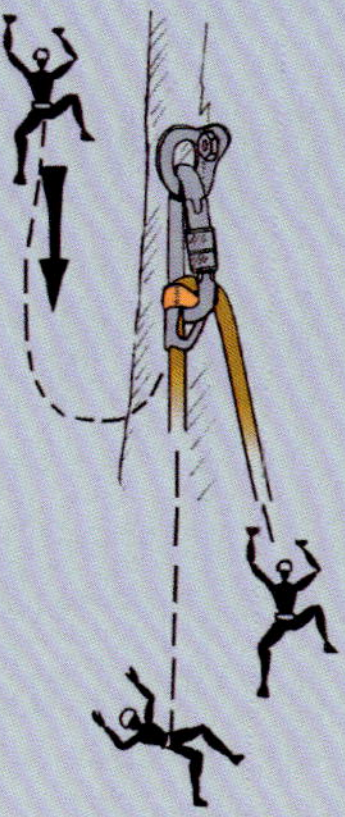

Der Sturz des Vorsteigers wird vom Körpergewicht des Nachsteigers gehalten.

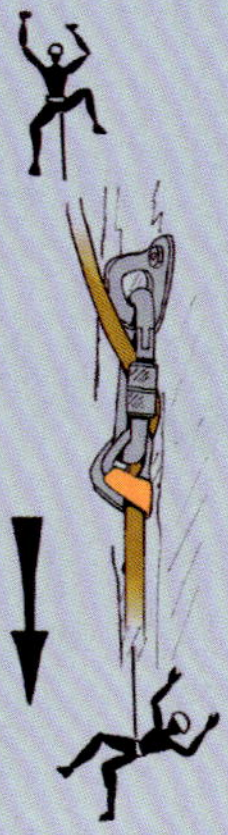

Der Nachsteiger ist gestürzt. Der Tibloc blockiert das Seil und verhindert den Absturz des Vorsteigers.

Der Tibloc wirkt als Rücklaufsperre und verhindert, dass ein Sturz des Nachsteigers auf den Vorsteiger übertragen wird. Der Vorsteiger ist durch das Körpergewicht des Partners gesichert.

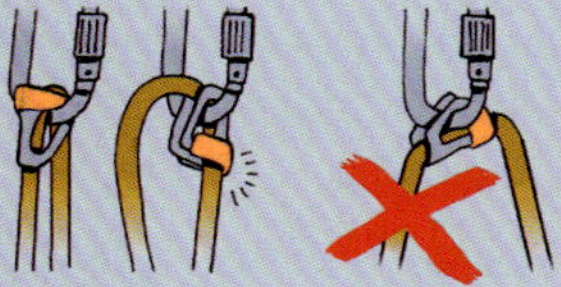

Achtung: Der Tibloc muss so in den HMS-Karabiner eingehängt werden, dass der Karabinerschenkel auch das Seil umschließt.

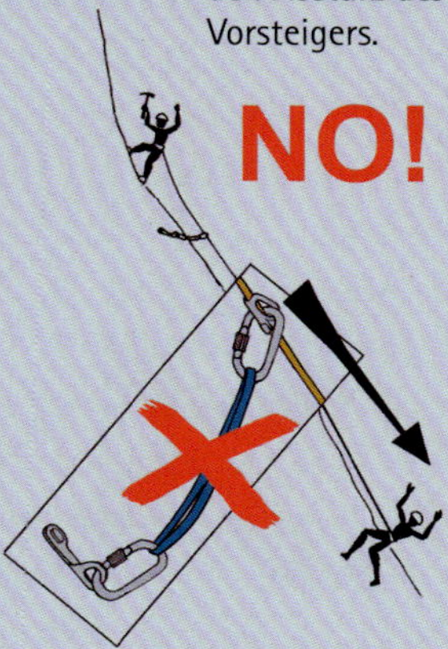

Eine Verlängerungsschlinge darf auf keinen Fall eingesetzt werden!

abseilen

Abseilen ist ein komplexer Vorgang, der viele Fehlermöglichkeiten beinhaltet und auch von erfahrenen Kletterern häufig unterschätzt wird ("gefährliche Routine"). Zahlreiche tödliche Unfälle belegen das hohe Risikopotential. Ignoranz, Schlampigkeit und Stress (Rückzug, Schlechtwetter) schaffen Risiken für fatale Fehler. Das hier dargestellte Verfahren ist sehr ausgefeilt, bietet einen hohen Sicherheitsstandard und ist gleichzeitig effizient. Ein gut eingespieltes Team ist beim Abseilen ein großer Vorteil.

der abseilstand

■ Fixpunkte: Höchste Sorgfalt ist bei der Beurteilung der Fixpunkte gefordert. Nicht an einem einzigen Normalhaken abseilen! Bei Normalhaken ist Redundanz eine unbedingte Forderung.

■ Schlingen: Vorhandene Abseilschlingen müssen kontrolliert und gegebenenfalls durch eigenes Band- oder Reepschnurmaterial ergänzt werden.

Tipp: Messer mitführen.

■ Seil abziehen: Unbedingt die Lage des Abseilstandes dahingehend überprüfen, ob sich das Seil anschließend abziehen lässt. Wenn nicht, muss der Abseilpunkt verlegt oder verlängert werden.

Tipp: Das Seil lässt sich deutlich leichter abziehen, wenn es durch eine Metallöse läuft. Im Zweifel lieber einen Karabiner oder ein Kettenglied zurücklassen!

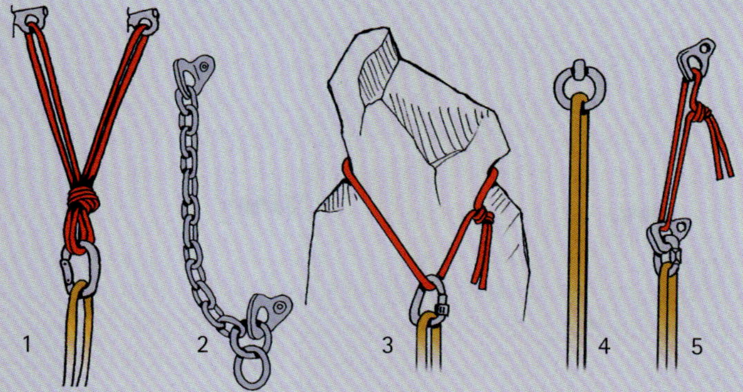

) Zwei Normalhaken mit Reepschnur zu einem Abseilstand (= fixierter
usgleich), abgebunden (2) Kettenstand mit Abseilring, (3) Reepschnur-
chlinge um Felskopf, (4) Verbundanker mit Abseilring, (5) zwei Bohrha-
en verbunden mit Reepschnur, als Öse dient ein Kettenglied.

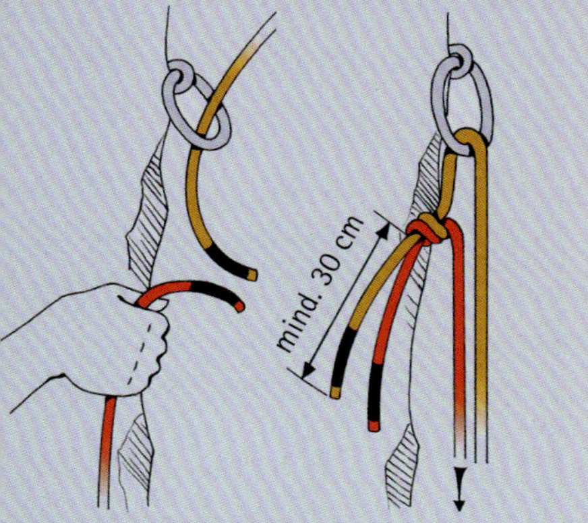

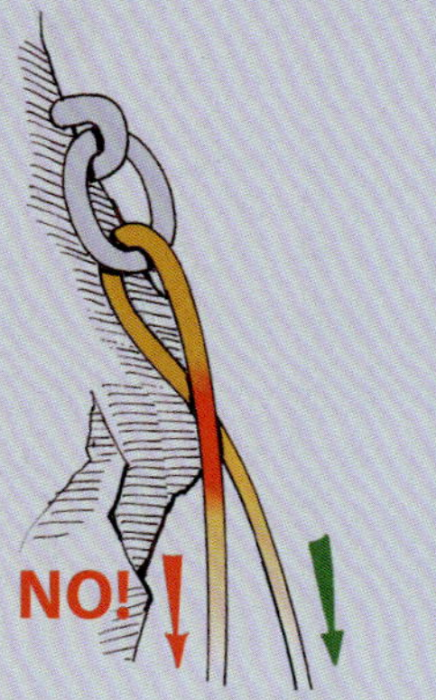

ichtiges Einfädeln in Ösen, die am Fels
nliegen. Das Seil, an dem abgezogen
ird, muss felsseitig laufen. Dadurch ver-
indern wir, dass beim Abziehen das Seil
ogeklemmt wird.

Wenn das Seil nicht fels-
seitig abgezogen wird,
kann es verklemmen!

abseilgerät und kurzprusik

■ Sicherungsgeräte vom Typ Tuber sind die idealen Abseilgeräte. Sie bieten genügend Bremskraft, beide Seilstränge laufen parallel und es kommt zu keiner Krangelbildung.

■ Abseil- und Selbstsicherungsschlinge: Eine 120 cm lange Bandschlinge wird mittels Ankerstich im Anseilring fixiert und auf Höhe des Brustbeins mit einem Achter abgeknotet. In die untere Schlinge wird das Abseilgerät mit einem Schrauber eingehängt. Die höhere Position des Abseilgerätes erleichtert das Handling beim Abseilvorgang. Zudem entsteht genügend Abstand zum Kurzprusik. Im Ende der Bandschlinge wird mit Mastwurf ein Schraubkarabiner fixiert, der zur Selbstsicherung am Standplatz dient. Ein oder zwei weitere Sackstiche in der Bandschlinge können helfen, die Selbstsicherung zu verkürzen. **Achtung:** Lange Haare können in das Abseilgerät gezogen werden!

■ Der Kurzprusik als Absturzsicherung ist eine unerlässliche Sicherheitsmaßnahme! Eine vorbereitete Kurzprusikschlinge (5 bis 6 mm Reepschnur, 1 m lang) muss in Mehrseillängen immer mitgeführt werden. Der mittels Schraubkarabiner im Anseilring fixierte Kurzprusik muss so kurz sein, dass unter Belastung ein Abstand von mind. 10 cm zum Abseilgerät erhalten bleibt.

Achtung: Wenn der Prusik am Abseilgerät ansteht, wird er mitgeschoben und ist wirkungslos!
Handhaltung: Beide Hände sind unterhalb des Sicherungsgerätes, der lockere Prusik wird mit der oberen Hand mitgeschoben.

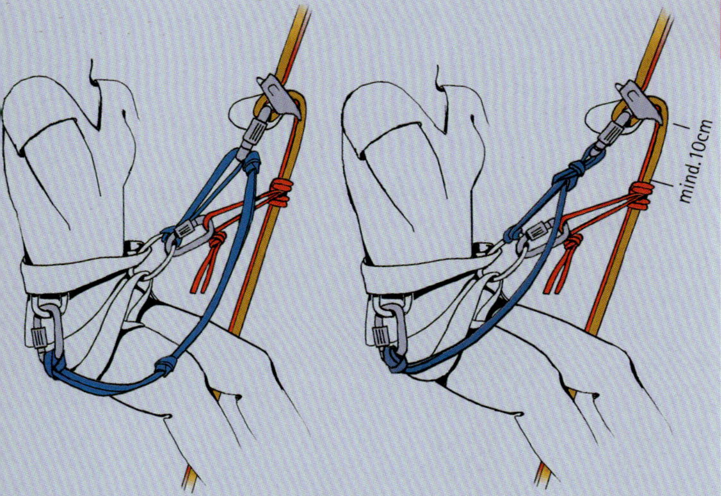

Abseil- und Selbstsicherungsschlinge auf Kinnhöhe, Kurzprusik im Anseilring. Alternativ kann das Abseilgerät auch im Auge einer Achterschlinge fixiert werden (Abbildung rechts). Das verkürzt die Selbstsicherungsschlinge.

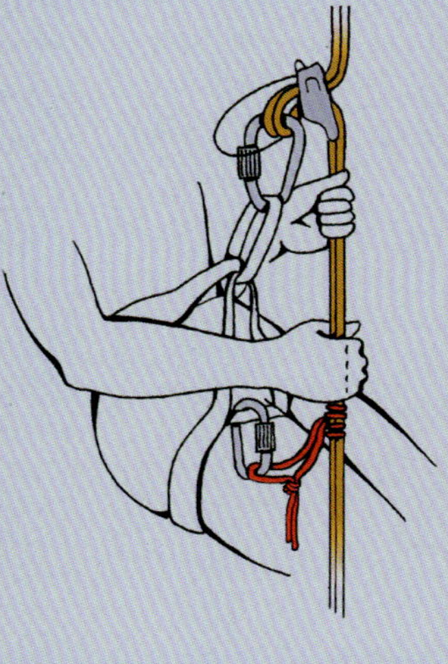

Ausnahme: Abseilen im Anseilring des Hüftgurtes. Wird das Abseilgerät direkt in den Anseilring gehängt, muss der Kurzprusik in einer Beinschlaufe fixiert werden.

Achtung: Bei Belastung des Kurzprusiks kann man leicht in Schräglage kommen - die Klemmwirkung des Kurzprusiks kann dabei aufgehoben werden!

ablauf beim abseilen

Ausgangssituation:
Zwei Partner mit Doppelseil am Standplatz einer Mehrseillängenroute, im Seil eingebunden und mittels Mastwurf selbstgesichert.

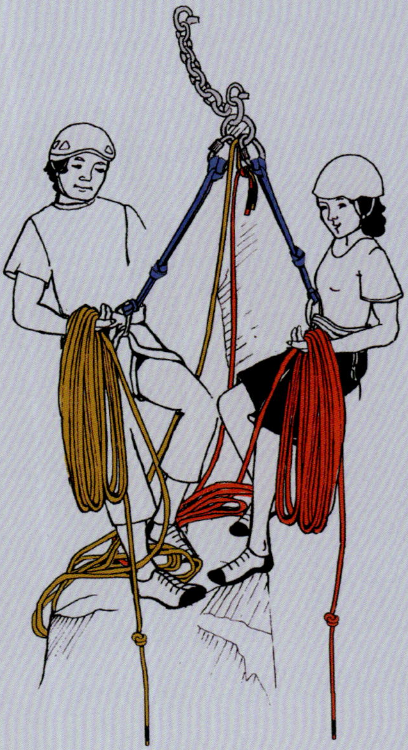

1. Schritt

Beide fixieren die vorbereitete Selbstsicherungsschlinge mittels Ankerstich im Anseilring, hängen diese in den Abseilstand und setzen sich hinein! Ein Partner bindet sich nun aus beiden Seilen aus, steckt ein Seilende durch den Abseilring und verknotet es mit dem zweiten Seilstrang (Sackstich, Enden mind. 30 cm lang). Nun bindet sich auch der zweite Partner aus und knotet in beide Seilstränge je einen Doppelten Spierenstich, ca. 50 cm vor dem Seilende.
Jeder Partner nimmt nun ca. 20-30 m eines Seilstranges in Schlaufen auf. Anschließend werden die Seilschlingen gleichzeitig - nach der Vorwarnung "Achtung Seil!" - weit ausgeworfen. Das Restseil lässt man über die Hand nachlaufen.

2. Schritt

Der Partner, der zuerst abseilt, knotet seinen Kurzprusik ein, fixiert ihn mittels Schrauber im Anseilring und zieht ca. 1 m Seil durch den Prusik. Ist das Seil nun locker, können beide bequem ihre Abseilgeräte einlegen und mittels Schrauber in der Abseil- und Selbstsicherungsschlinge fixieren. Auch der Zweite installiert nun seinen Kurzprusik.

3. Schritt:

Abseil-Partnercheck

Alle Partner überprüfen:

(1) Das Seil ist richtig eingefädelt, der Seilverbindungsknoten richtig geknüpft, festgezogen und die Enden sind mindestens 30 cm lang.

(2) Die Seilstränge sind korrekt in die Abseilgeräte eingelegt, der Schrauber ist in der Abseil- und Selbstsicherungsschlinge fixiert, die Verschlusssicherung ist geschlossen.

(3) Die Kurzprusiks sind installiert, richtig abgelängt und mit einem geschlossenen Schrauber im Anseilring fixiert.

(4) Beide Seilenden sind mind. 50 cm vor dem Seilende abgeknotet.

(5) Man benennt laut das Seil, an dem abgezogen wird: "Rot zieht!"

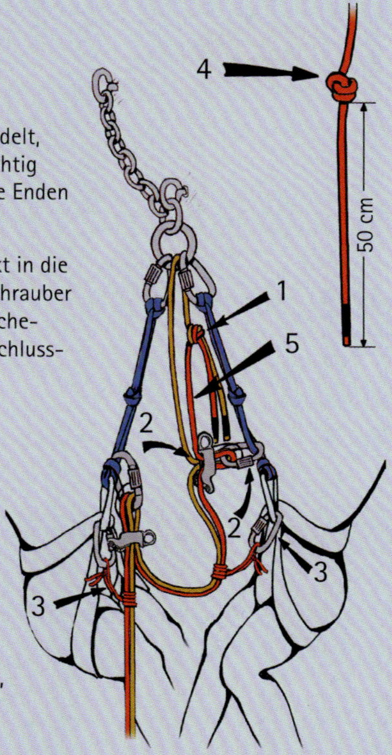

abseilen

Finaler Partnercheck:
Erst durch Belastung aller Komponenten durch beide Kletterer kann überprüft werden, ob die Abseilgeräte richtig installiert und ob die Kurzprusiks richtig abgelängt sind. Erst jetzt darf die Selbstsicherungsschlinge vom zuerst Abseilenden ausgehängt werden.

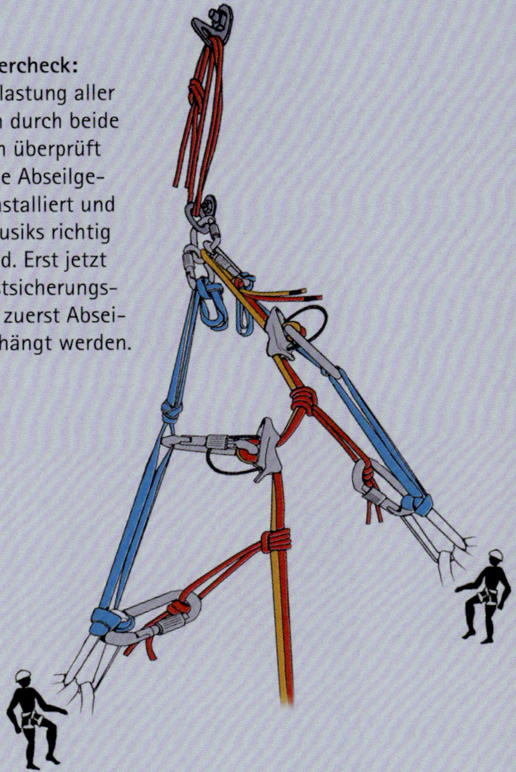

4. Schritt:

Der Erste seilt ab. Nach Erreichen des nächsten Abseilstandes sichert er sich mit seiner Selbstsicherungsschlinge und setzt sich in diese hinein. Durch das Belasten der Schlinge mit dem Körpergewicht ist man wesentlich stabiler und kann sich besser auf die Arbeiten konzentrieren. Auch Steinen oder dem herabfallenden Seil kann man besser ausweichen. Der Erste zieht nun ca. 1 m Seil durch das Abseilgerät und hängt dieses anschließend aus. Der Kurzprusik wird im Seil belassen, um ein Wegpendeln der Seile zu verhindern. Es folgt das Kommando: "Seil frei".

5. Schritt:

Der Partner oben hängt nun seine Selbstsicherung aus und seilt ab. Währenddessen zieht der Erste beide Seilstränge hoch und löst die Knoten in beiden Seilenden.
Er steckt das Seil, an dem abgezogen wird (z. B. "rot"), durch den neuen Abseilring (von unten bei anliegenden Ösen!) und knotet wieder einen Achterknoten in das Seilende. Dieser Strang sollte kurzzeitig am Gurt fixiert werden.
Der zweite Partner hat inzwischen den Standplatz erreicht. Er sichert sich selbst und hängt das Abseilgerät aus. Erst jetzt entfernen beide Partner ihren Kurzprusik.

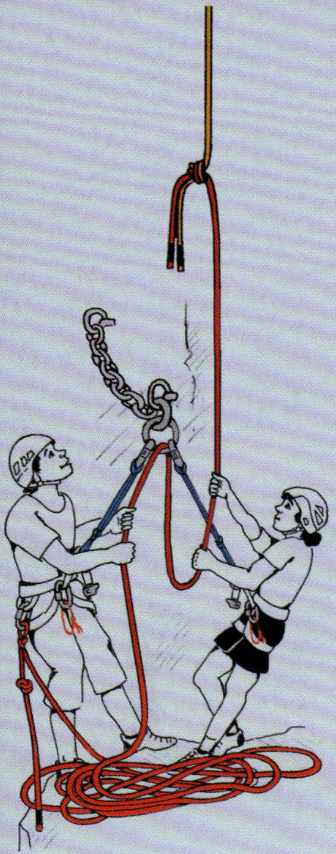

6. Schritt:

Ein Partner zieht das Seil möglichst zügig und gleichmäßig ab, während der zweite das Seil durch den neuen Abseilring zieht - bis der Seilverbindungsknoten (oder die Seilmitten-Markierung bei Einfachseil) beim Abseilring ansteht. Beide Partner beobachten das herunter fallende Seil! **Achtung:** Beim Abziehen des Seiles können sich leicht Steine lösen!
Nachdem das zweite Seil nach unten gefallen ist, wird es hochgezogen, 50 cm vor dem Seilende mit einem Achter abgeknotet. Beide Seilstränge werden nun wieder in Doppelschlaufen aufgenommen und ausgeworfen.

Der weitere Ablauf wiederholt sich (-> Schritt 2 usw.).

Achtung: Falls der Seilverbindungsknoten geöffnet werden muss, müssen beide Seilstränge am Standplatz fixiert werden.

Varianten

■ **Dreierseilschaft:** Der Ablauf ist ident, alle drei Partner legen gleichzeitig das Abseilgerät und den Kurzprusik ein.

■ **Einfachseil:** Der Ablauf vereinfacht sich insofern, als kein Seilverbindungsknoten notwendig ist. Schwieriger ist es - bei am Fels anliegenden Ösen - sich das Seil zu merken, das später abgezogen wird. Abhilfe: Man hängt gleich eine Expressschlinge in den hinten, bzw. felsseitig liegenden Seilstrang, der später abgezogen wird. **Wichtig:** Markierung der Seilmitte!

■ **Verzicht auf Kurzprusik bei Ungeübten:** Der Verzicht auf den Kurzprusik bei den nachfolgenden Partnern ist nur sinnvoll, wenn diese ungeübt sind und einen Kurzprusik, der sich zufällig festzieht, nicht lösen können und somit blockiert wären. Diese Vereinfachung setzt voraus, dass der Erste, der immer mit Kurzprusik abseilt, unten beide Seilstränge festhält und die Abseilfahrt des Partners überwacht. Ein kräftiger Zug am Seil kann die Abseilfahrt sofort stoppen.

■ **Nur ein Seilende wird abgeknotet, das zweite bleibt frei:** Diese Vereinfachung erspart das Hochziehen und Verknoten des herunterfallenden Seilstranges nach dem Seilabziehen. Bei dieser "Sparvariante" ist es unabdingbar, dass beide Seilpartner das Abseilgerät einlegen, um ein Ausziehen des Seiles - wenn über das freie Seilende hinaus abgeseilt wird (!) - verlässlich zu verhindern.

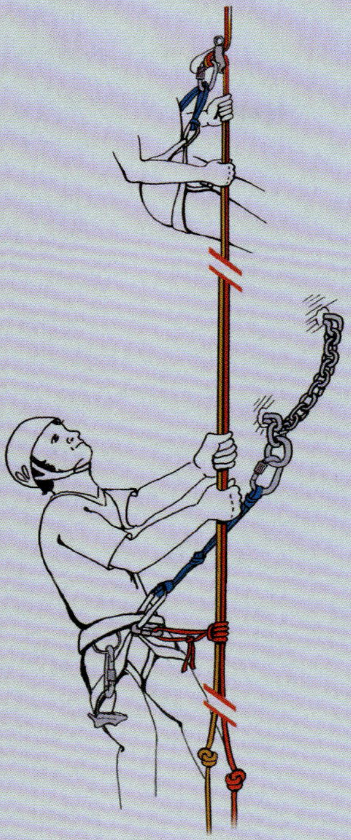

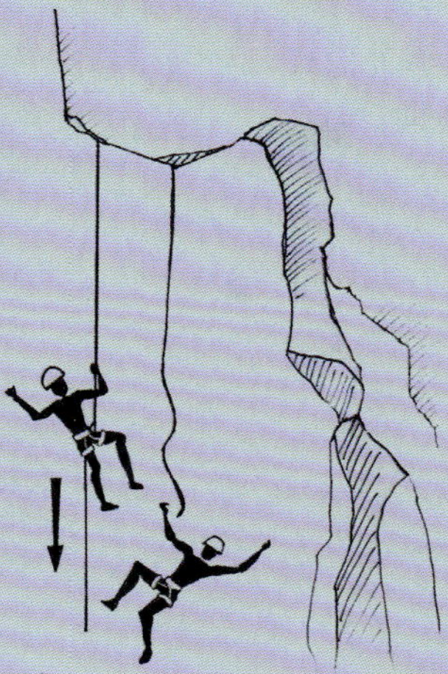

Synchron-Abseilen ist ein absolutes No-Go!
Mehrere tödliche Unfälle sind ein klares Signal, sich 100 % dagegen auszusprechen.
Die Annahme, man könne Zeit sparen, wenn zwei Kletterer gleichzeitig an je einem Seilstrang abseilen, ist falsch!

Ausnahme:
Verzicht auf den Kurzprusik bei Ungeübten. Der Partner unten überwacht den Abseilvorgang.

ablassen vom standplatz

In gewissen Situationen ist Ablassen die richtige Alternative zum Abseilen. Verletzten oder unsicheren Personen kann man das selbständige Abseilen ersparen. Der Sichernde am Standplatz steuert über Sicherungsgerät und Bremshand die Ablassgeschwindigkeit, während sein Partner im Seil hängt.

Achtung: Beim Ablassen in mäßig steilem Gelände kann das nach unten laufende Seil lockere Steine lösen - Steinschlag!

Tipp: Statt den Partner in flachem Gelände abzulassen, weil man das Seil schlecht auswerfen kann, ist es sicherer, selbst abzuseilen und das Seil, an dem man abseilt, im Rucksack in losen Schlaufen mitzunehmen.

Grundregeln beim Ablassen:

- Partnercheck: Beide Partner kontrollieren, dass die Ablassvorrichtung richtig aufgebaut ist, alle Schrauber geschlossen sind und der Kurzprusik als Absturzsicherung installiert ist.
- Die Kommunikation zwischen beiden Partnern (Sicht- oder Rufkontakt) muss möglich sein.
- Langsam und gleichmäßig ablassen.
- Kein Schlappseil! Der Partner, der abgelassen wird, belastet immer das Seil mit seinem Körpergewicht.
- Eine Selbstsicherungsschlinge im Anseilring ist vorbereitet. Der Abgelassene wird erst aus der Sicherung genommen, wenn er sich am nächsten Stand selbst gesichert hat.
- Den Seilverlauf beobachten und so gut es geht steuern, um Belastungen über scharfe Felskanten und brüchigen Fels zu vermeiden.
- Kein freies Seilende!

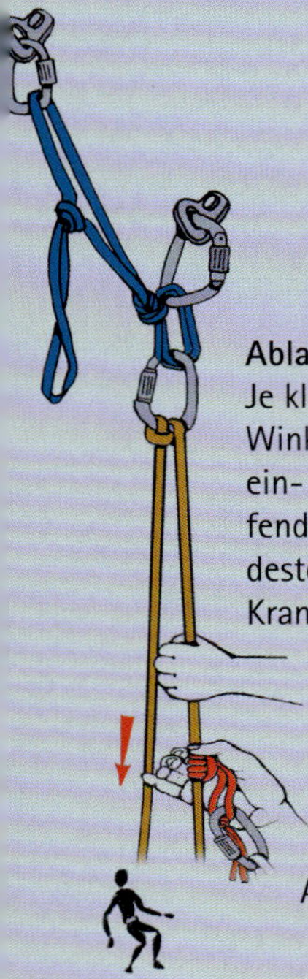

Ablassen mit HMS:
Je kleiner der Winkel zwischen ein- und auslaufendem Seil, desto geringer die Krangelbildung.

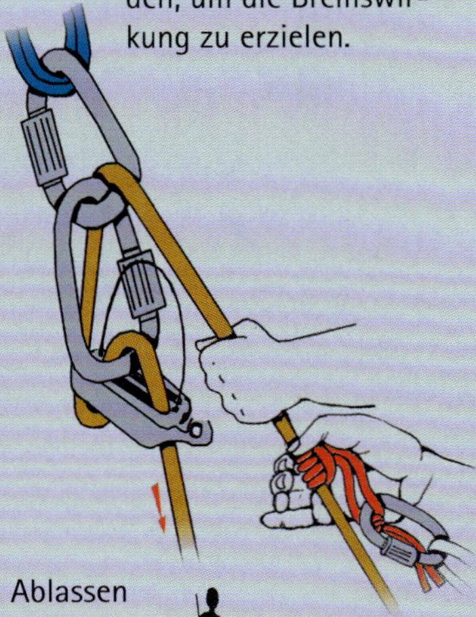

Ablassen mit Tuber:
Das Seil muss nach oben umgelenkt werden, um die Bremswirkung zu erzielen.

Sowohl beim Ablassen mit HMS als auch beim Ablassen mit Tuber ist ein Kurzprusik als Absturzsicherung installiert!

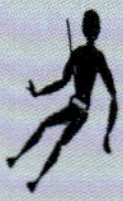

Krangelbildung durch großen Einlaufwinkel.

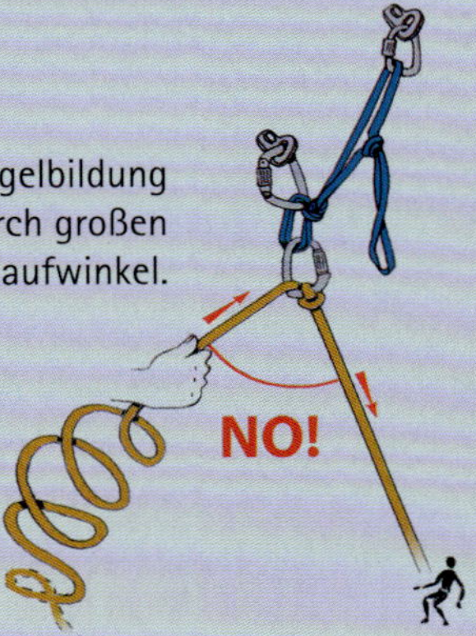

■ Ablassen mit HMS

Für das Ablassen eines Partners vom Standplatz ist die HMS unsere erste Wahl. Ein Nachteil ist die starke Krangelbildung, die aber durch Steuerung des Seileinlaufwinkels fast zur Gänze verhindert werden kann. Ein- und auslaufendes Seil sind parallel.

■ Ablassen mit Tuber

Beim Ablassen vom Stand mittels Tuber muss eine Umlenkung oberhalb hergestellt werden, um die Bremswirkung zu erzielen. Dazu wird das Bremsseil im Schraubkarabiner oberhalb des Tubers umgelenkt. Ein Vorteil gegenüber der HMS ist der schonende Seilverlauf, da das Seil nur über Metall läuft. Auch die Krangelbildung ist beim Tuber stark vermindert.

■ Ablassen mit Grigri

Die eleganteste Methode, jemanden schnell und sicher abzulassen. Gleichzeitig besteht die Möglichkeit, ihn wieder einige Meter hinauf zu sichern, falls es notwendig ist.
Achtung: Beim Installieren des Grigris muss darauf geachtet werden, dass der Hebel zum Ablassen auch unter Belastung gut greifbar ist. Er darf nicht felsseitig liegen.

■ Ablassen mit Plate

Beim Sichern eines Nachsteigers mit Plate blockiert das Seil automatisch, wenn dieser stürzt. Muss der Partner abgelassen werden, ist eine spezielle Technik notwendig. Für diesen Fall besitzen moderne Plates eine zweite, kleinere Öse. In diese kann ein Karabiner einge-

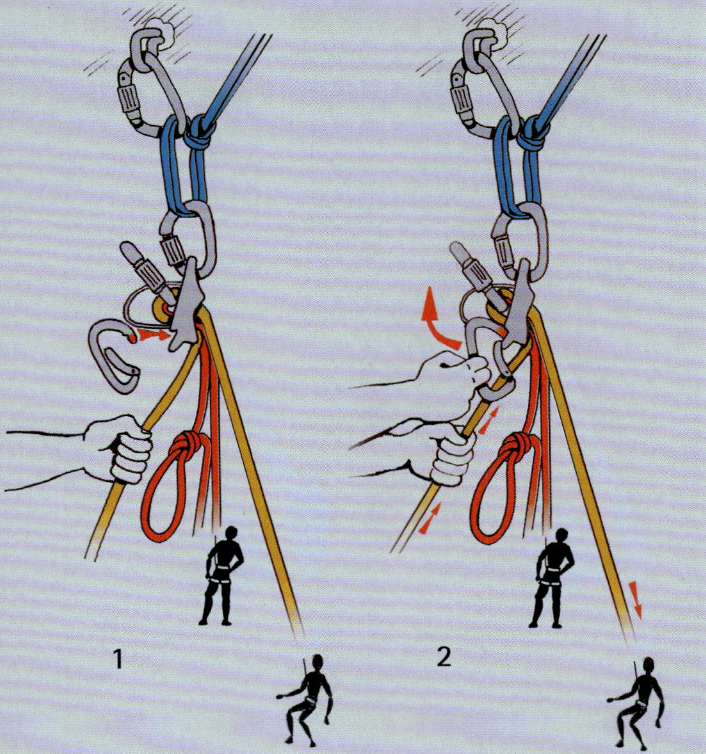

Ablassen mit Plate:
(1) Seil des zweiten Nachsteigers abknoten, dann Karabiner in die kleine Öse einhaken.
(2) Durch vorsichtiges Aufhebeln des Karabiners wird die Blockierung gelöst.

hakt werden. Durch behutsames Aufhebeln dieses Karabiners wird die Blockierwirkung aufgehoben und der Partner kann für eine kurze Strecke abgelassen werden.

Achtung: Die Bremshand muss dabei immer kräftig das Bremsseil umschließen! Im Falle einer Dreierseilschaft muss das Seil des zweiten Nachsteigers mittels Sackstichschlinge ("Stopp-Knoten") abgeknotet werden!

Alternative Ablassmethode:

Ist ein Lösen der Blockierwirkung durch Anhebeln des Karabiners nicht möglich (großes Körpergewicht) oder wenn die Ablassstrecke länger als zwei bis drei Meter ist, muss der Querkarabiner mit einer nach oben umgelenkten Bandschlinge und dem Körpergewicht des Sichernden angehoben werden.

Aufbau:

(1) Zuerst wird das Bremsseil in die HMS-Körpersicherung genommen.

(2) Dann befestigt man eine Bandschlinge mittels Ankerstich am Querkarabiner des Sicherungsgerätes. Diese Schlinge lenkt man in einem höher liegenden Karabiner um und befestigt das andere Ende mit einem Karabiner im Anseilring (evtl. muss die Selbstsicherung etwas verlängert werden).

(3) Nun das Bremsseil festhalten und durch Belasten der Bandschlinge langsam Zug auf den Querkarabiner aufbauen. Sobald dieser weit genug angehoben und die Blockierung gelöst ist, kann man den Nachsteiger über die Körpersicherung ablassen.

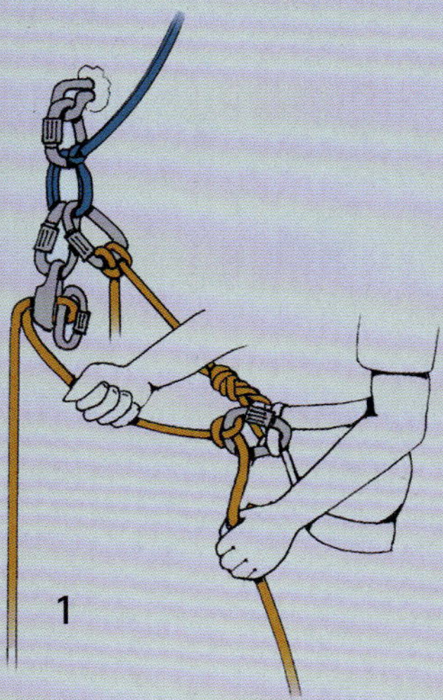

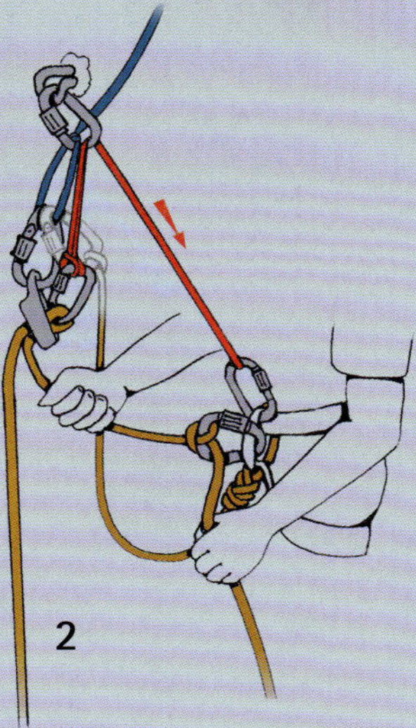

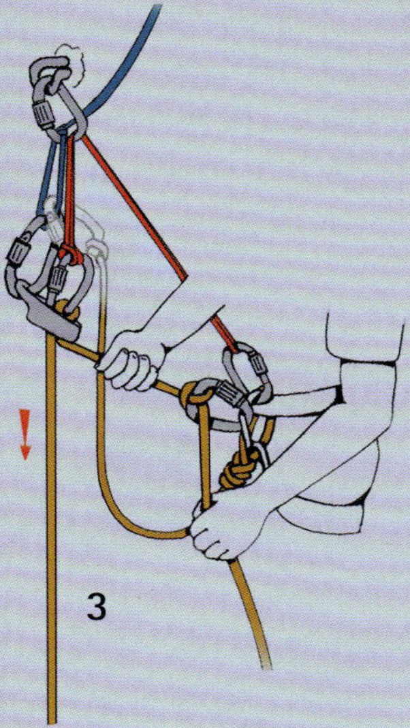

Ablassen mit umgelenkter Bandschlinge.
Das Bremsseil muss unbedingt in eine HMS-Körpersicherung genommen werden!

r e t t u n g s t e c h n i k

Notsituationen am Berg müssen häufig selbständig bewältigt werden, da die organisierte Rettung nicht sofort zur Stelle ist. Für typische Krisensituationen (freies Hängen im Seil, Ausstieg aus einer Gletscherspalte, Bergen eines Partners etc.) gibt es bewährte Seilmanöver für den improvisierten Rettungseinsatz in der Seilschaft. Allgemein gilt: Je alpiner meine Unternehmung, desto versierter muss ich in Sachen Rettungstechnik sein. Regelmäßiges Üben ist unbedingt notwendig, da wir diese Techniken in unserer allgemeinen Praxis nicht anwenden.

Tipp: Klassische Hilfsmittel im Rahmen der Rettungstechnik sind drei Reepschnüre (1, 3, und 5 m) mit einem Durchmesser von 5 bis 6 mm. Heute empfehlen wir die Verwendung von Reepschnüren mit Dyneemakern. Die Reißkraft von Dyneema ist drei- bis viermal höher als die von Polyamid! Reepschnüre können durch Bandschlingen ersetzt werden. Dann wird statt dem Prusik der Bandschlingen-Klemmknoten verwendet.

f i x i e r e n

Unter Belastung erfordern manche Sicherungsgeräte (Tuber, HMS) ein permanentes Halten des Seiles mit den Händen. Will der Sichernde frei agieren, ist es notwendig, zuerst das Seil zu fixieren. Das Fixieren eines Partners ist eine Grundtechnik, die auch in der Halle beherrscht werden soll.

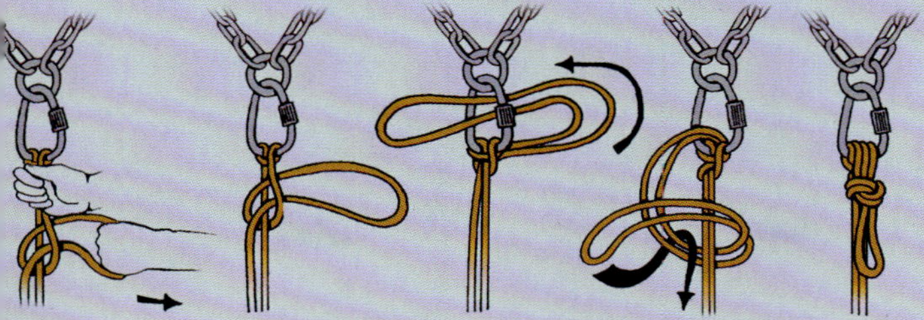

Fixieren einer HMS mittels Wasserklang.
Den Abschluss bildet ein Spierenstich um das gespannte Seil.

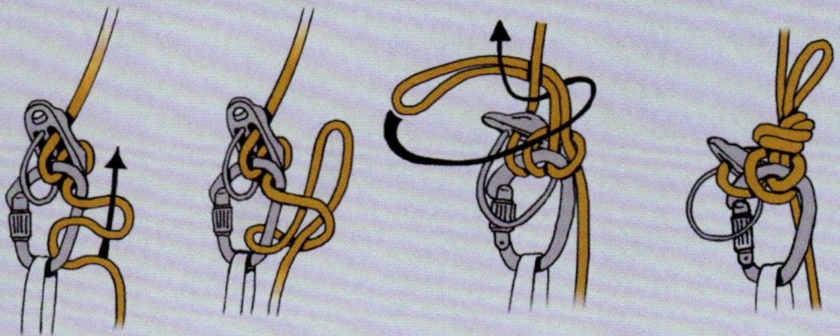

Fixieren eines Tubers.
Den Abschluss bildet ein Spierenstich um das gespannte Seil.

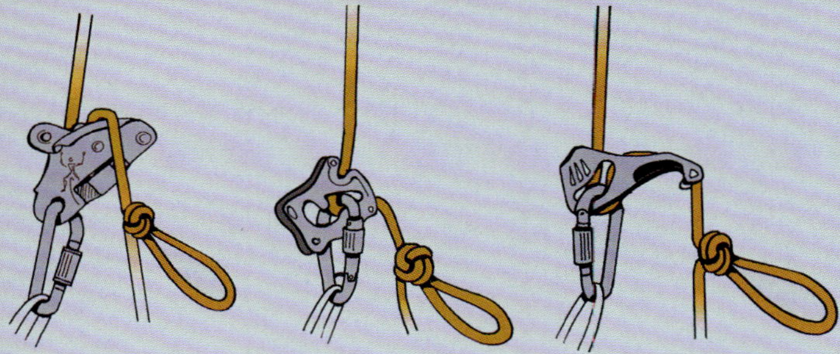

Fixieren von halbautomatischen Sicherungsgeräten (hier: Grigri, Click Up und Smart) mit einer Sackstichschlinge ("Stopp-Knoten")im Bremsseil.

prusiktechnik

Diese wichtige Selbstrettungstechnik ermöglicht den Aufstieg am gespannten Seil – z. B. nach einem Sturz in eine Gletscherspalte oder in einem Überhang. Kernstück und daher namensgebend für diese Technik ist der Prusikknoten - ein Klemmknoten, der sich unter Belastung zuzieht und bei Entlastung verschieben lässt. Alternativen zum Prusikknoten sind technische Seilklemmen (wie Tibloc, Ropeman u. a. m.). Während der Prusik in beide Zugrichtungen klemmt, müssen technische Seilklemmen richtig eingelegt werden, um in der gewünschten Richtung zu blockieren.

Die Prusiktechnik kann auch mit Bandschlingen anstelle von Reepschnüren durchgeführt werden. Anstelle des Prusikknotens verwenden wir dann den Bandschlingen-Klemmknoten.

Achtung: Durch das ruckartige Bewegen beim Aufprusiken kann es speziell an Felskanten zu einer gefährlichen Scheuerwirkung auf das belastete Seil kommen!

Vorbereitung:

(1) Mit einer 3 m langen Reepschnur wird ein Prusik in Kopfhöhe ins Seil geknüpft. Das freie Ende wird durch den Anseilring gefädelt und beide Enden werden mittels Sackstich verbunden. Eine weitere Reepschnur (3/5 m) wird unterhalb des ersten Prusiks mit einem Prusik fixiert und zu einer Schlinge geknüpft - so lang, dass man mit dem angewinkelten Fuß noch hineinsteigen kann.

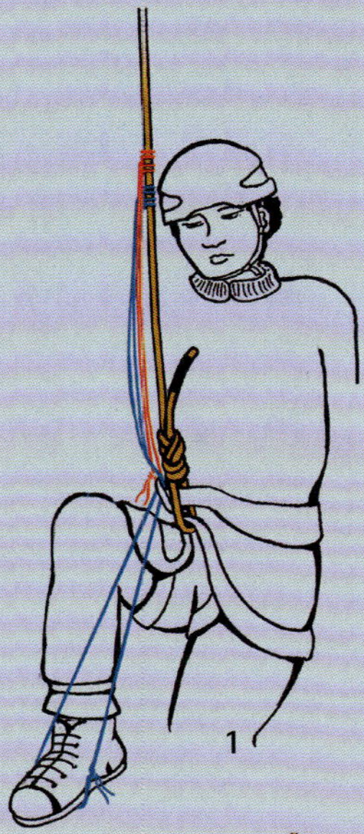

1

Tipp: Die Reepschnur kann mittels Ankerstich um den Schuh fixiert werden.

Aufstieg:

(2) Das Bein durchdrücken, gleichzeitig am gespannten Seil mit den Händen hochziehen und aufrichten. Nun den oberen Prusik lockern und ganz nach oben schieben.

(3) Anschließend wieder in den Gurt setzen und den Prusik der Steigschlinge nach oben schieben, Bein durchdrücken usw.

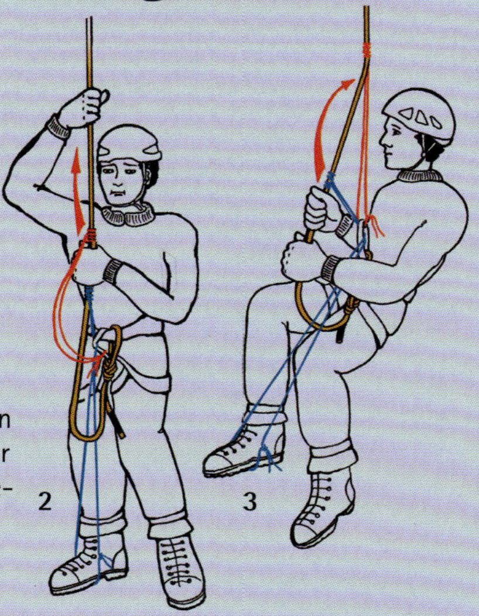

2 3

expressflaschenzug

Mit diesem einfachen Flaschenzug können wir einen nachsteigenden Partner unterstützen und ihm kräftig Zug geben. Zum Bergen eines frei hängenden Menschen ist dieser Flaschenzug nicht geeignet.

■ Aufbau mit Plate:

Nachdem wir heute überwiegend mit der Plate nachsichern, ist die Herstellung des Expressflaschenzugs deutlich einfacher und schneller, da das Fixieren entfällt.

(1) Der Kurzprusik oder Tibloc wird installiert, ein Karabiner wird eingehängt und in diesen das Zugseil.

Achtung: Prusik und Tibloc rutschen am Seil nach unten, wenn sie nicht festgehalten werden!

(2) Mit beiden Händen nach oben ziehen, dann den Prusik/Tibloc wieder nach unten schieben.

Hinweis: Beim Sichern von zwei Nachsteigern muss der zweite Partner mit einer Sackstichschlinge ("Stopp-Knoten") gesichert werden.

■ Aufbau mit HMS:

(1) Die HMS-Sicherung wird mittels "Wasserklang" fixiert. Jetzt wird der Kurzprusik installiert und ein Karabiner in das Zugseil gehängt.

(2) Der Wasserklang wird gelöst und am Zugseil wird mit beiden Händen nach oben gezogen.

(3) Beide Seile mit einer Hand knapp unterhalb der HMS fest umklammern und den Kurzprusik mit der anderen Hand nach unten schieben.

(4) Vorgang wiederholen.

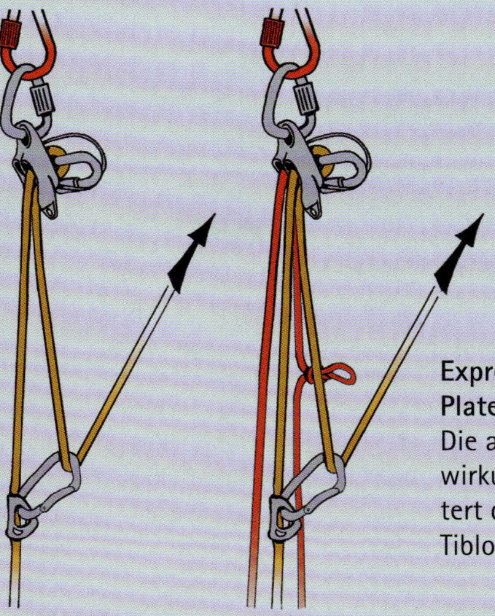

Expressflaschenzug mit Plate und Tibloc:
Die automatische Blockierwirkung der Plate erleichtert den Ablauf, ebenso der Tibloc.

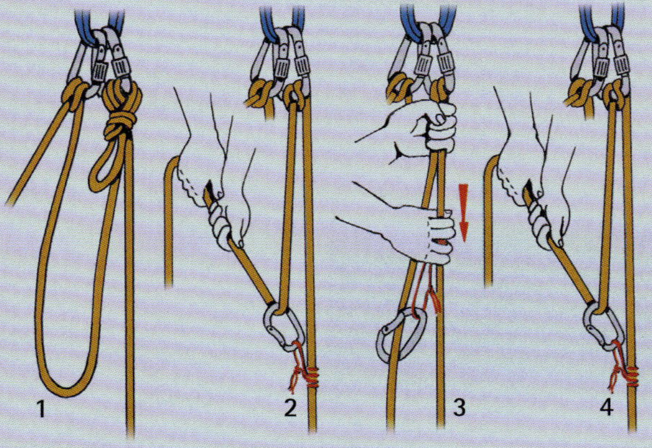

Expressflaschenzug mit HMS und Prusik

seilrollenflaschenzug

Dieser Flaschenzug vervierfacht die Zugkraft (abzüglich der Reibungsverluste) und ermöglicht das Bergen frei hängender Personen im Fels. Zur Spaltenbergung ist er nicht geeignet.

Aufbau:

(1) Die HMS wird mittels Wasserklang und Spierenstich fixiert. Als Rücklaufsperre wird eine ca. 60 cm lange Reepschnurschlinge (rot) mittels Prusik am Lastseil fixiert und oben im Zentralkarabiner befestigt.

(2) Die HMS wird ausgehängt und die Last auf die Prusikschlinge übertragen.

(3) Unterhalb wird ein Kurzprusik angebracht und darin ein Karabiner eingehängt.

Achtung: Kurzprusik bzw. Tibloc festhalten!

(4) Im Zentralpunkt wird eine weitere ca. 120 cm lange Reepschnurschlinge (blau) fixiert und durch den Karabiner im Kurzprusik geführt. In diese Schlinge wird ein Karabiner eingehängt, dann in diesen das Zugseil.

Seilrollenflaschenzug mit Plate und Tibloc

Man erspart sich die Schritte (1) und (2), kann aber wegen der Reibung in der Plate etwas weniger Zugkraft erzeugen.

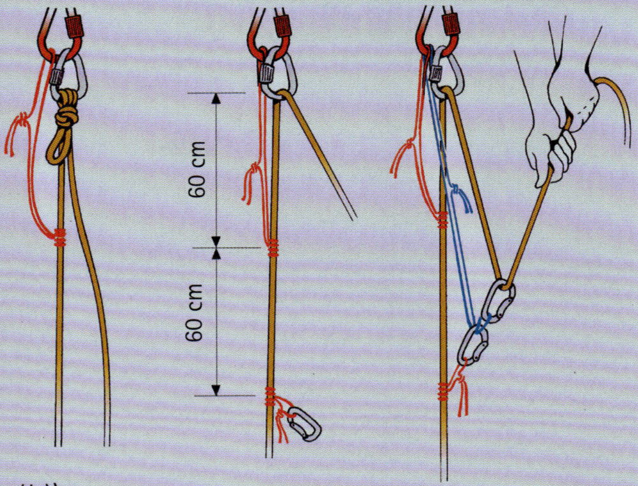

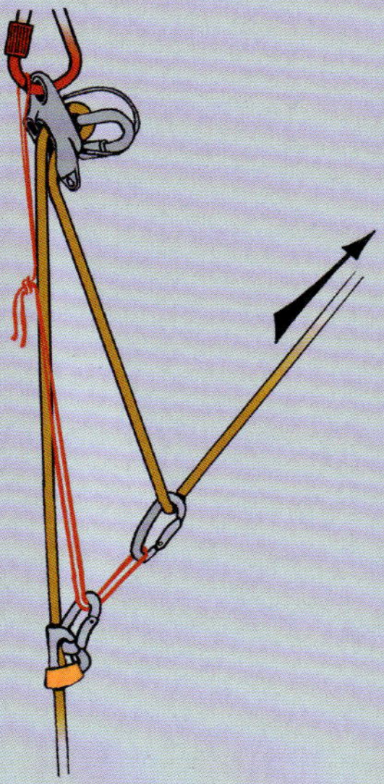

Seilrollenflaschenzug mit Halbmastwurf-Sicherung und Prusik.

Seilrollenflaschenzug mit Plate und Tibloc.

express-körperflaschenzug

Einfach und effizient für kurze Zugstrecken. Der Vorteil dieser Köperflaschenzug-Variante liegt darin, dass keine seiltechnischen Umbauten notwendig sind und dass der Helfer am Standplatz bleiben kann. Voraussetzung ist die Verwendung einer Plate zum Nachsichern.

Aufbau:

(1) Eine Bandschlinge (120 cm) wird im Anseilring mittels Ankerstich fixiert und durch den Zentralkarabiner gesteckt.
(2) Ein Kurzprusik oder Tibloc wird am Lastseil befestigt und mit einem Karabiner mit der Bandschlinge verbunden. Die Selbstsicherung kann nun etwas verlängert werden.
(3) Der Helfer bringt seinen Anseilring nahe an den Zentralpunkt und schiebt den Kurzprusik möglichst weit nach unten.
(4) Die Bandschlinge wird nun mit dem gesamten Körpergewicht belastet, zusätzlich wird am Karabiner im Kurzprusik kräftig nach oben gezogen.
(5) Anschließend wird die Schlaufe im Lastseil durch die Plate gezogen. Die Bandschlinge kann nun entlastet und der Kurzprusik bzw. Tibloc wieder möglichst weit nach unten geschoben werden.
Der nächste Hub kann beginnen.

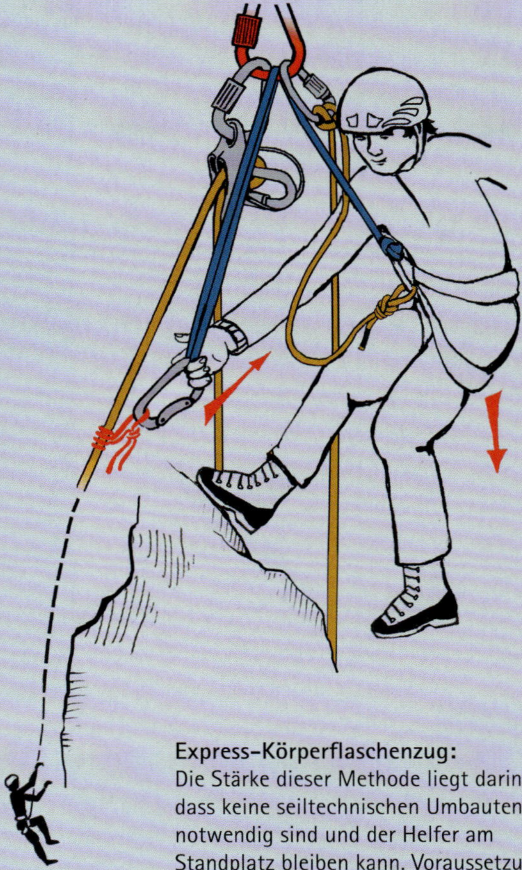

Express-Körperflaschenzug:
Die Stärke dieser Methode liegt darin, dass keine seiltechnischen Umbauten notwendig sind und der Helfer am Standplatz bleiben kann. Voraussetzung ist die Verwendung einer Plate zum Nachsichern.

körperflaschenzug klassisch

Die Zugkraft des Körperflaschenzugs entsteht durch die Gewichtskraft (passiv) und die Armkraft (aktiv). Allerdings muss die Reibung in den Zwischensicherungen möglichst gering sein. Notfalls müssen alle Zwischensicherungen vorher ausgehängt werden (Abstieg zum Aushängen mittels Selbstseilrolle).

Aufbau:

(1) Fixieren der Partnersicherung: Bei HMS mittels Wasserklang, bei Plate erfolgt die Blockierung automatisch.

(2) Eine möglichst kurze Prusikschlinge wird als Rücklaufsperre im Lastseil installiert und im Zentralpunkt fixiert.

(3) Die Fixierung der Partnersicherung wird gelöst und die Last des Partners auf den Kurzprusik übertragen. Die Partnersicherung wird nun aufgelöst und das Seil wird in den Umlenkkarabiner (HMS- bzw. Schraubkarabiner!) gehängt.

(4) Der Retter installiert eine ca. 50 cm lange Prusikschlinge im Zugseil und spannt diesen mit seinem Körpergewicht.

(5) Erst jetzt wird der Mastwurf der Selbstsicherung gelockert und je nach Standplatzsituation verlängert, maximal auf 3 m.

(6) Der Retter belastet das Zugseil mit seinem Körpergewicht und zieht gleichzeitig mit beiden Händen kräftig am Lastseil nach oben. Der am Seil hängende Partner kann, wenn möglich, unterstützend mitziehen. Die Länge der Selbstsicherung bestimmt die Hubstrecke. Beim Hochziehen wird der Kurzprusik am Lastseil vom Umlenkkarabiner blockiert. Beim Entlasten des Zugseils wird die Last des Partners wieder auf diesen Prusik (bzw. auf die Plate) übertragen.

(7) Der Retter steigt nun wieder ganz nach oben und schiebt dabei seinen Prusik mit. Der nächste Hub kann beginnen.

Körperflaschenzug mit HMS:
Beide Prusiks sind installiert, alle Schraubkarabiner geschlossen, die Selbstsicherung verlängert. Die Hubarbeit kann beginnen.

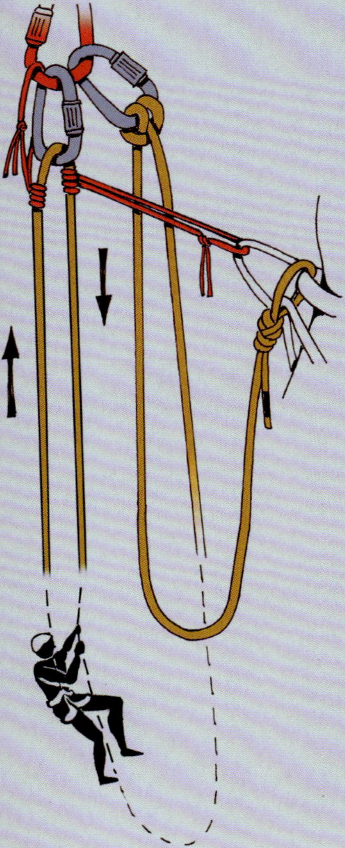

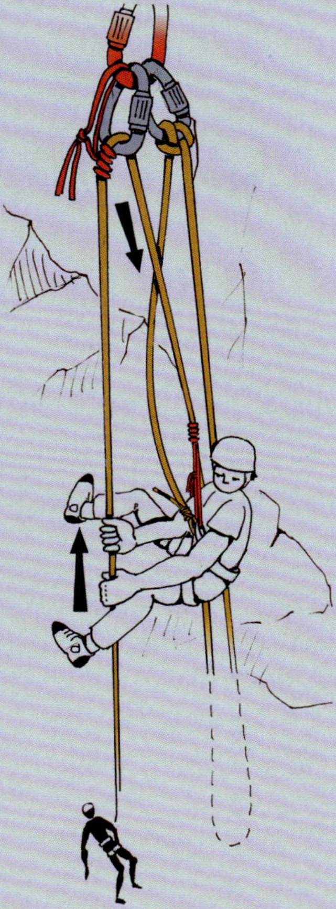

Die Länge der Selbstsicherung muss dem Gelände angepasst werden. Je länger, desto effizienter die Hubarbeit.

selbstseilrolle

Die Selbstseilrolle kommt zur Anwendung, wenn man über eine Steilpassage gesichert und kraftsparend absteigen und anschließend ohne Umbau wieder aufsteigen will (Absteigen zu einem Verletzten, Erkunden einer unübersichtlichen Abseilstelle). Die Reichweite dieser Technik ist auf die Hälfte des frei verfügbaren Seils beschränkt.
Achtung: Kein freies Seilende!

■ **Selbstseilrolle mit Prusik:**
(1) Ein zusätzlicher Schrauber wird in den Zentralpunkt eingehängt und das Seil aus der Selbstsicherung durch diesen Schrauber geführt.
(2) Eine Prusikschlinge (Länge ca. 60 cm) wird in den freien Seilstrang eingeknotet und im Anseilring fixiert.
(3) Erst jetzt darf die Selbstsicherung ausgehängt werden!
(4) Beim Abstieg sind beide Hände am Seil. Die obere Hand schiebt den Prusik mit!

■ **Selbstseilrolle mit Grigri:**
(1) siehe oben
(2) Der Grigri wird in den freien Seilstrang eingehängt und mittels Schrauber im Anseilring fixiert. Achtung: Seil richtig einlegen, wie bei Vorstiegssicherung.
(3) Abseilen durch Lösen des Bremshebels.
(4) Aufstieg: Das auslaufende Seil lotrecht nach oben, gleichzeitig das Zugseil nach unten ziehen.

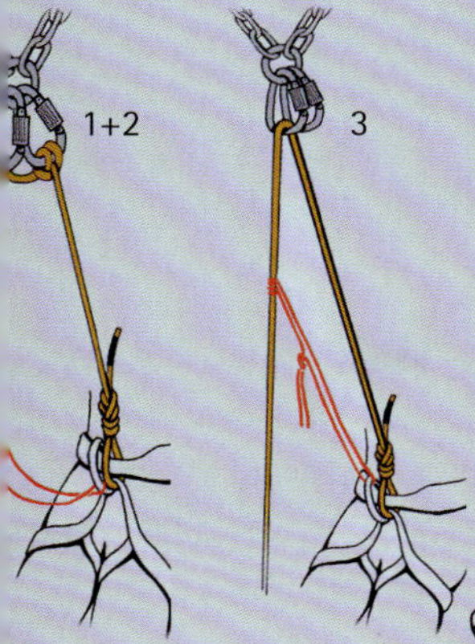

Ablassen mit Selbst-
seilrolle und Prusik

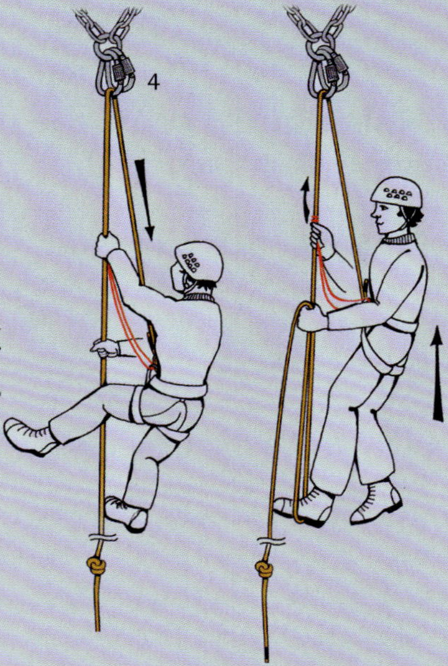

Aufstieg:
Zur Unterstützung kann mit dem Seil eine Steigschlinge improvisiert werden.

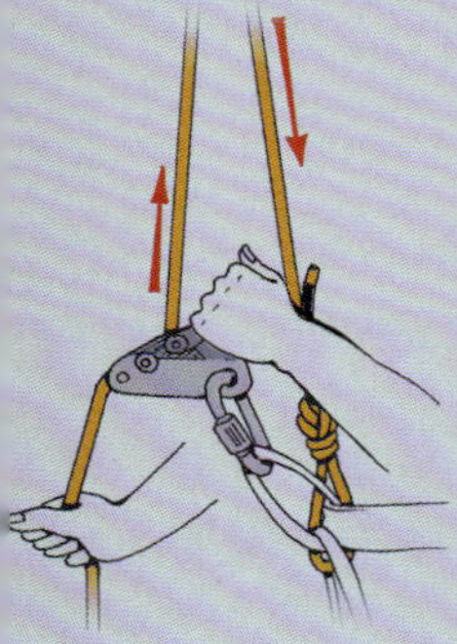

Ablassen mit Selbst-
seilrolle und Grigri

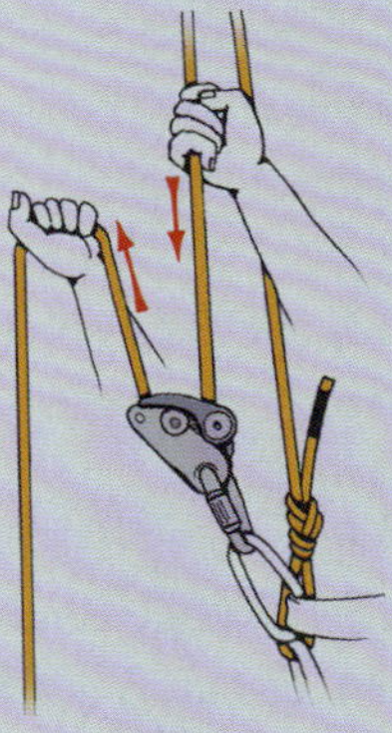

Aufstieg mit Selbst-
seilrolle und Grigri

■ **Selbstseilrolle beim Ablassen über einen unsicheren Umlenkpunkt:**

Eine ca. 50 cm lange Reepschnurschlinge wird mittels Prusik in das nach unten laufende Seil geknüpft und direkt im Anseilring fixiert. Die Sturzhöhe beim Ausbrechen des Umlenkpunktes wird dadurch verringert.

seilverlängerung

In Notsituationen müssen u. U. eine oder auch zwei Personen (Retter und Verletzter) mehr als eine Seillänge abgelassen werden. Dazu müssen zwei Kletterseile mittels Sackstich verbunden werden. Grundlage dieser Technik ist die überraschende Tatsache, dass ein Sackstichknoten durch die HMS rutschen kann. Die Seilenden müssen - wie auch beim Abseilen - mind. 30 cm lang sein, um diese vor dem Einlaufen des Knotens durch den HMS-Karabiner zu stecken und das Durchrutschen aktiv zu unterstützen.

Achtung: Maximal können zwei Seile miteinander verbunden werden. Der Rufkontakt zwischen den Partnern muss unbedingt bestehen bleiben! Der Seilverbindungsknoten kann sich in Rissen verklemmen.

Tipp: Beim Ablassen mit der HMS kann man die Krangelbildung stark reduzieren, wenn ein- und auslaufendes Seil parallel laufen.

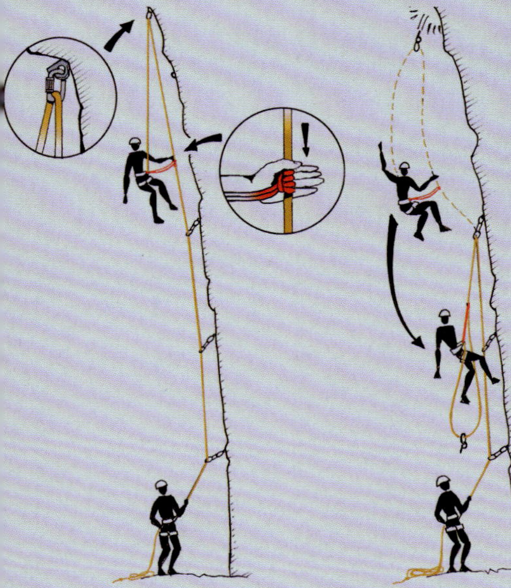

Selbstseilrolle zum Verringern der Sturzhöhe bei Ausbrechen des Umlenkpunktes, z. B. bei Rückzug an Normalhaken oder Klemmkeilen.

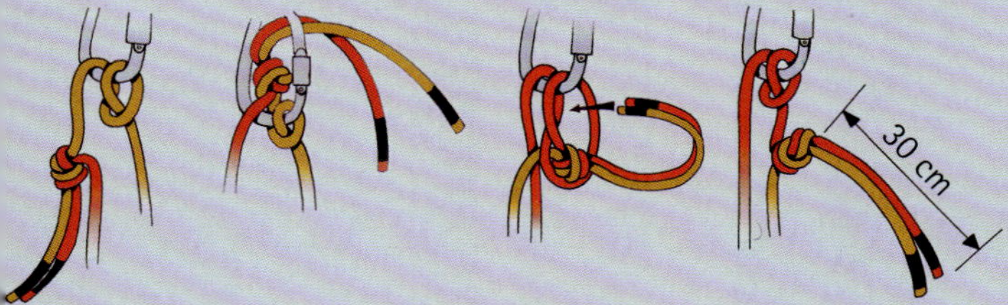

Seilverlängerung: Beim Ablassen mit der HMS zieht der Sackstich am Ende eine Schlinge mit. Diese muss mithilfe der Seilenden möglichst früh gelöst werden, um einen starken Ruck zu vermeiden. Auf die Finger achten - Klemmgefahr!

methoden der spaltenbergung

■ Mannschaftszug

Wenn die Zugkraft von mindestens drei Personen zur Verfügung steht, ist der Mannschaftszug die einfachste und effizienteste Form der Spaltenbergung.

Achtung: Der Mannschaftszug muss koordiniert durchgeführt werden. Da das Seil oft tief in den Spaltenrand eingeschnitten ist, birgt ein unkoordinierter Mannschaftszug die Gefahr, dass man dem Gestürzten das Genick bricht! Eine Gruppe von z. B. fünf Bergsteigern entwickelt eine enorme Zugkraft und Rufe aus einer Gletscherspalte werden draußen nicht gehört.

Wichtig: Der Rufkontakt zum Gestürzten muss in jedem Augenblick gegeben sein!

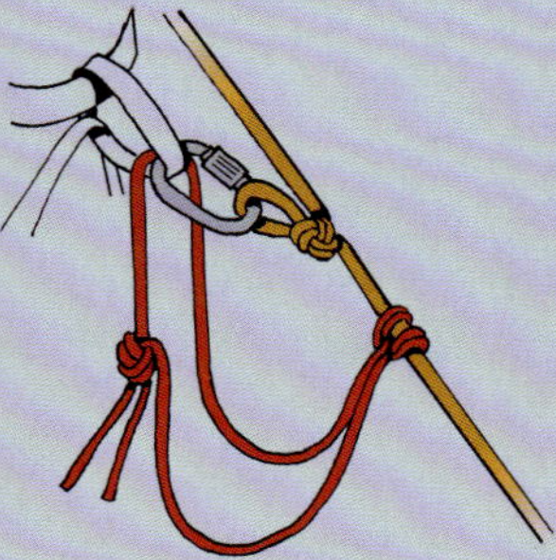

(1) Eine ca. 60 cm lange Prusikschlinge wird zur Selbstsicherung direkt im Anseilring fixiert. Erst dann wird der Anseilkarabiner ausgehängt.

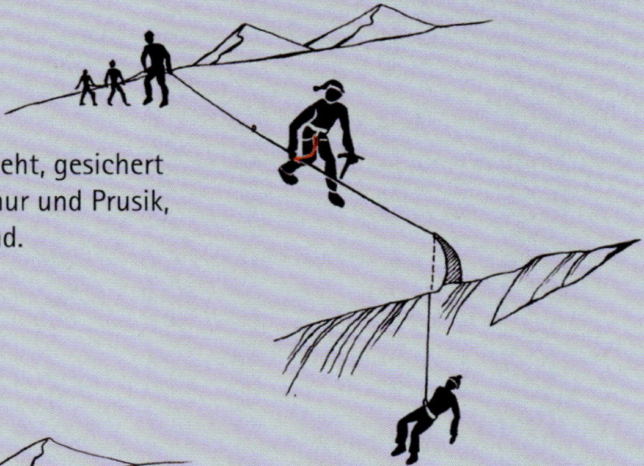

(2) Der Retter geht, gesichert durch Reepschnur und Prusik, zum Spaltenrand.

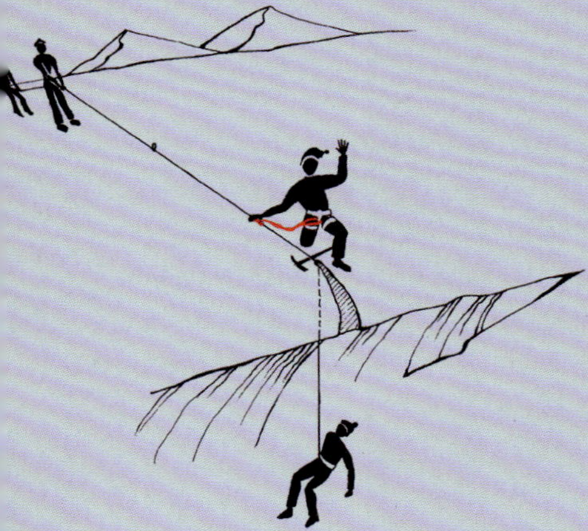

(3) Eine Hand schiebt den Prusik laufend mit, die zweite gibt das Signal: "Ziehen!" oder "Stopp!" Um ein tieferes Einschneiden des Seiles zu verhindern, kann ein Pickel unter das Seil Richtung Spaltenrand geschoben werden.

■ Lose Rolle

Klappt es mit dem Mannschaftszug nicht, bietet die technisch wesentlich anspruchsvollere "Lose Rolle" eine gute Alternative. Die Lose Rolle ist ein einfacher Flaschenzug, der nur funktioniert, wenn der Retter ganz vorne am Spaltenrand steht und dadurch Reibungsverluste am Spaltenrand verhindert werden. Bei guter Koordination ist eine Bergung mittels Seilrolle auch bei größeren Gewichtsunterschieden möglich, da der Gestürzte am Seil mitziehen kann.

Wichtig: Eine Voraussetzung für diese Technik ist genügend Restseil. Das verfügbare lose Seil muss von der Verankerung bis zum Gestürzten und wieder zurück bis zum Spaltenrand reichen. Bei der Aufteilung des Gletscherseiles (empfohlene Länge: 50 m) muss das berücksichtigt werden.

Nachteile: Neben der Komplexität dieses Manövers müssen sich alle Seilschaftsmitglieder aus dem Seil ausbinden, da dieses für die Bergung benötigt wird. Zusätzlich zur korrekten Bergung muss also auch für die Sicherheit der passiven Teilnehmer gesorgt werden.

Tipp: Eine Seilrollenklemme (z. B. Micro Traxion, Spoc) vereinfacht diese Technik wesentlich, da weniger Reibung entsteht und die Rücklaufsperre bereits integriert ist. Die Seilrollenklemme wird mit einem Schrauber zum Gestürzten hinuntergelassen, der diesen in den Anseilring einhängt.

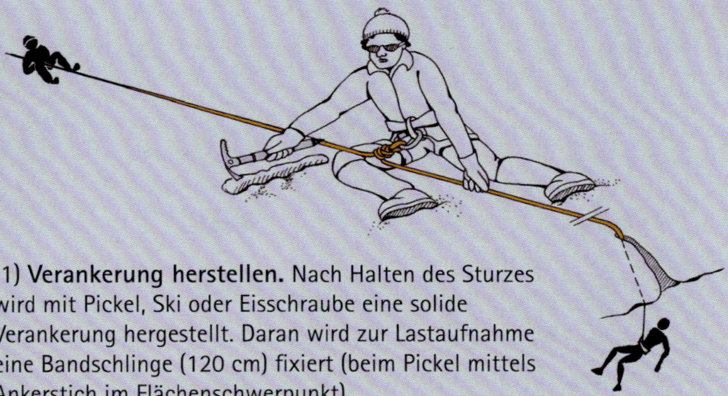

(1) **Verankerung herstellen.** Nach Halten des Sturzes wird mit Pickel, Ski oder Eisschraube eine solide Verankerung hergestellt. Daran wird zur Lastaufnahme eine Bandschlinge (120 cm) fixiert (beim Pickel mittels Ankerstich im Flächenschwerpunkt).

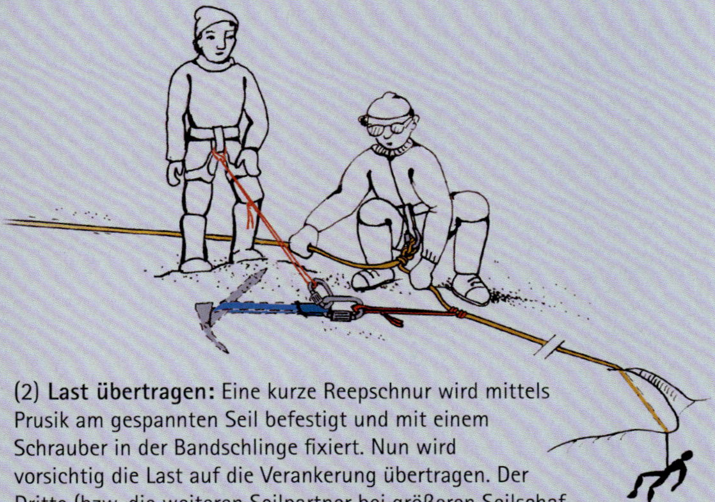

(2) **Last übertragen:** Eine kurze Reepschnur wird mittels Prusik am gespannten Seil befestigt und mit einem Schrauber in der Bandschlinge fixiert. Nun wird vorsichtig die Last auf die Verankerung übertragen. Der Dritte (bzw. die weiteren Seilpartner bei größeren Seilschaften) geht gesichert mittels Prusikschlinge am gespannten Seil zur Verankerung und löst alle Knoten im Seil. Dort sichert er sich mittels Reepschnur (3 m) oder Bandschlinge (120 cm) im Zentralkarabiner und löst sich aus dem Seil. Mit seinem Körpergewicht unterstützt er die Verankerung.

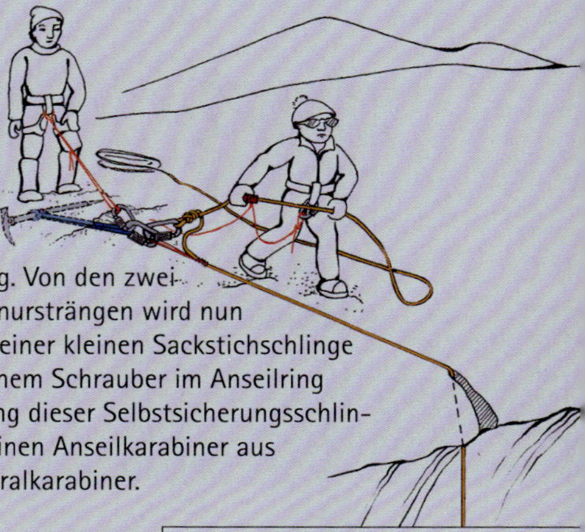

(3) Selbstsicherung herstellen: Der Retter halbiert die 3 m-Reepschur und fixiert diese mittels Prusik am unbelasteten Seilstrang. Von den zwei gleich langen Reepschnursträngen wird nun einer in Armlänge mit einer kleinen Sackstichschlinge abgeknotet und mit einem Schrauber im Anseilring fixiert. Nach Herstellung dieser Selbstsicherungsschlinge hängt der Retter seinen Anseilkarabiner aus und fixiert ihn im Zentralkarabiner.

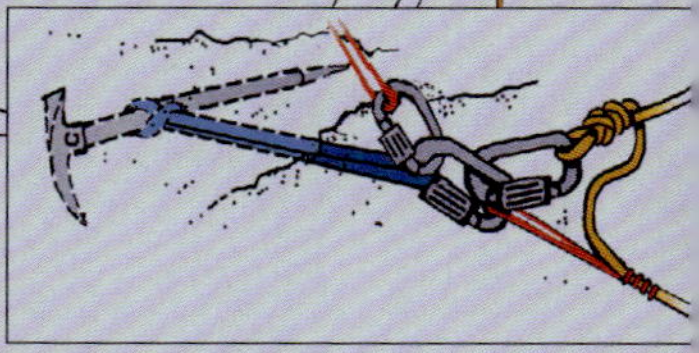

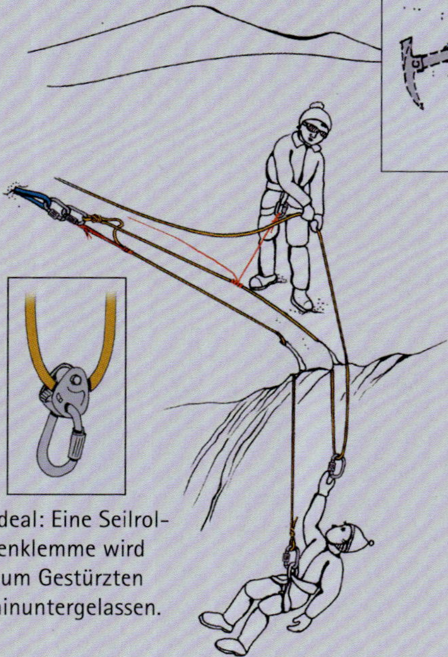

Ideal: Eine Seilrollenklemme wird zum Gestürzten hinuntergelassen.

(4) Lose Rolle herstellen: Der Retter geht nun gesichert zum Spaltenrand, die Prusikschlinge wird dabei mit nach hinten gestrecktem Arm mitgeschoben. Am Spaltenrand lässt er eine Seilschlinge mit einem Schrauber ab, den sich der Gestürzte in den Anseilkarabiner hängt und zuschraubt.

(5) Rücklaufsicherung herstellen und koordiniert bergen: Mit dem zweiten noch freien Reepschnurstrang wird nun in das aus der Spalte nach oben führende Seil ein "gefädelter Prusik" geknotet, der als Rücklaufsicherung dient. Nach Kontrolle aller Knoten und Karabiner (Partnercheck auf Zuruf: "Schrauber geschlossen?") beginnt die eigentliche Bergung. Gute Koordination durch lautes Ankündigen der Zugphase ("ho" = Ankündigung "ruck" = Zug) erleichtert den Vorgang enorm!

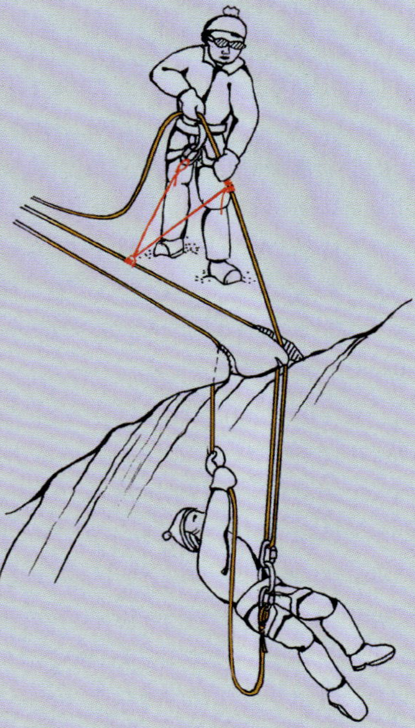

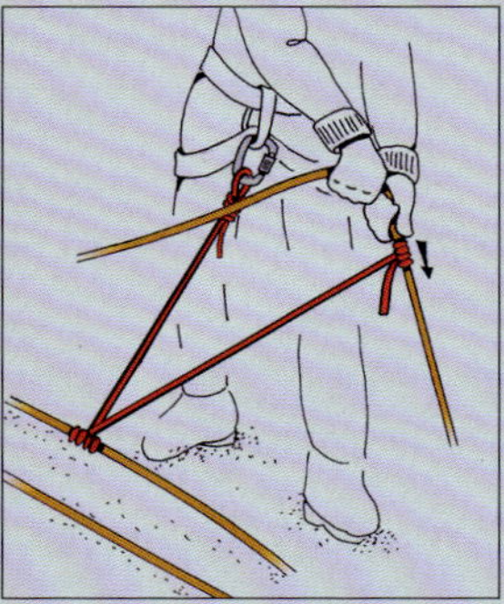

Zunächst wird mit beiden Händen kräftig nach oben gezogen, dann schnell mit der vorderen Hand der Prusik wieder nach vorne gespannt.

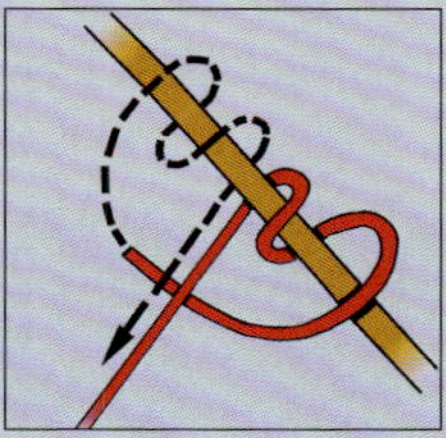

Gefädelter Prusik

■ Münchhausentechnik

Die "Münchhausentechnik" ist heute die wichtigste Selbstrettungstechnik nach einem Spaltensturz. Diese spezielle Technik wird erforderlich, wenn das Seil nach einem Spaltensturz tief in den Spaltenrand einschneidet und erst Schritt für Schritt befreit werden muss. In der ersten Phase ist die Münchhausentechnik mit der Prusiktechnik nahezu identisch und wir steigen mit dieser so weit wie möglich auf. Bei Erreichen des Schneeüberhanges bauen wir auf die Münchhausentechnik um.

Rücklaufsperre:
Das Kernstück dieser Technik ist die Rücklaufsperre im Anseilring. Früher wurde dafür der Gardaknoten verwendet, heute erleichtern technische Seilklemmen (Tibloc, Micro Traxion, u.a.m.) diese Technik wesentlich. Ein Muss sind diese Klemmen, wenn man anstatt eines Bergseils, dünne, hyperstatische Leinen (6 mm) verwendet, da der Prusikknoten hier nicht klemmt.

Der seiltechnische Ablauf der Münchhausentechnik mit den technischen Seilklemmen ist nahezu identisch mit der klassischen Variante mit Prusik und Gardaschlinge. Daher werden im Folgenden beide Techniken parallel dargestellt. Im Detail beschrieben wird die klassische Variante.

Phase 1: Modifizierte Prusiktechnik

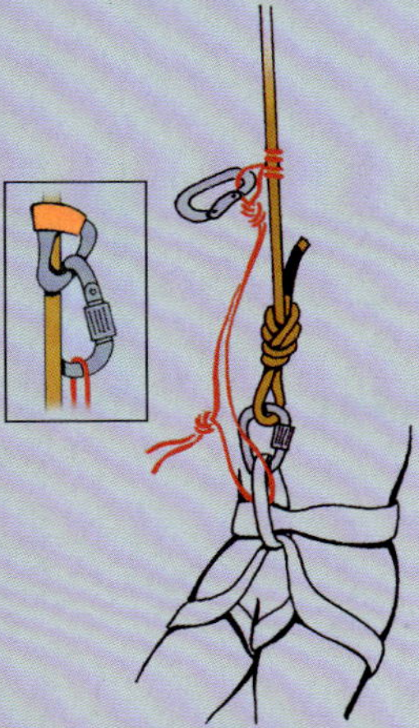

(1) Die erste Reepschnur (3 m) wird mit einem Prusik (oder mittels Tibloc und Schraubkarabiner) etwas über Stirnhöhe am Seil befestigt und sehr knapp mit einem Sackstich abgebunden. In die so entstandene Schlinge wird ein Karabiner eingehängt. Ein Strang der Reepschnur wird nun durch den Anseilring gesteckt und mit dem zweiten Strang verknotet.

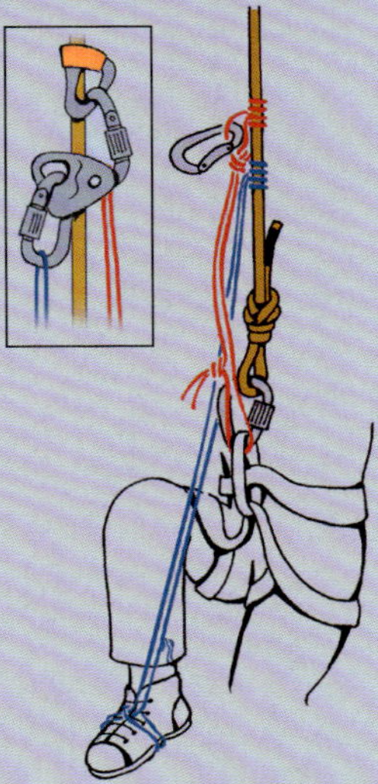

) Eine zweite Reepschnur (Trittschlinge, ind. 3 m) wird ebenfalls mit einem Prusik der mittels Seilrollenklemme und Schrau- :r) knapp unterhalb des ersten Prusiks :festigt und gerade so lang abgeknotet, ıss man noch bequem hineinsteigen kann.

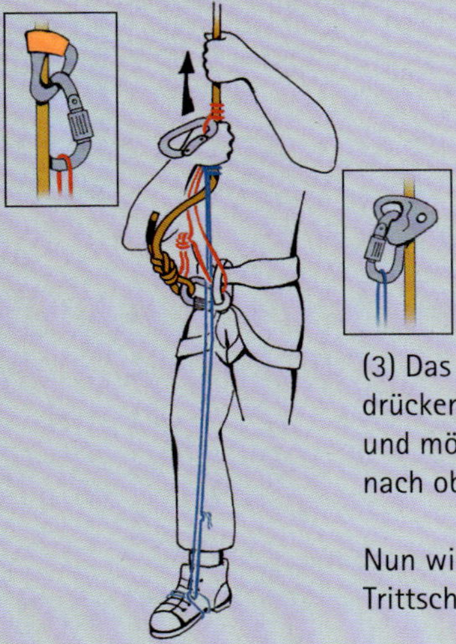

(3) Das Bein in der Trittschlinge durchdrücken, am gespannten Seil hochziehen und möglichst rasch den oberen Prusik nach oben schieben.

Nun wieder in den Gurt setzen und die Trittschlinge nach oben schieben usw.

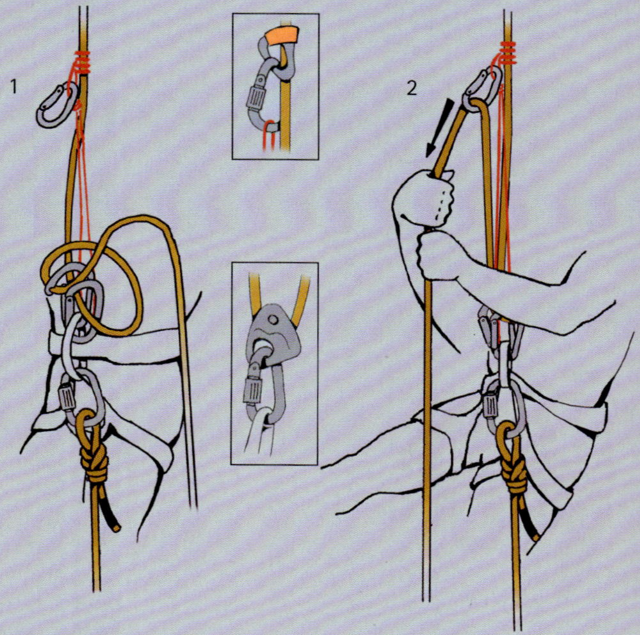

Phase 2: Münchhausentechnik

Knapp unterhalb des Schneeüberhanges erfolgt der Umbau:
(1) Die Rücklaufsperre (Gardaschlinge) wird im Anseilring installiert. Dazu wird das nun lose und von oben kommende Seil in zwei gleichförmige Karabiner eingehängt, wieder nach oben geführt und von hinten nochmals in den hinteren Karabiner eingehängt.
(2) Das auslaufende Seil wird oben in den Karabiner im Prusik eingehängt. Durch Hochziehen des Beckens und gleichzeitigem Abstemmen von der Spaltenwand gelingt es, das eingeschnittene Seil Schritt für Schritt zu befreien.
(3) Anschließend kehrt man wieder in die aufrechte Sitzposition zurück und schiebt den Prusik weiter.

3

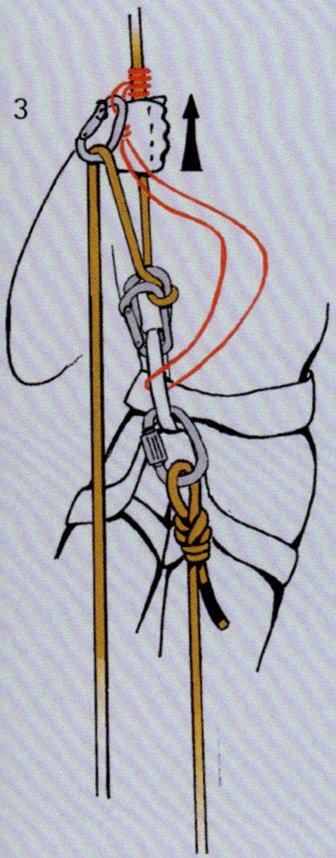

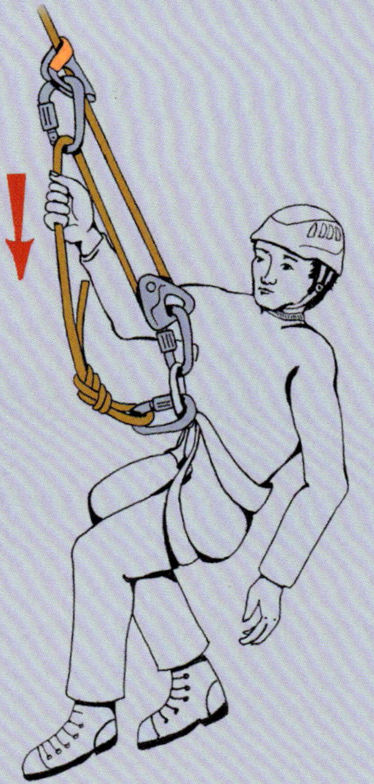

Zeitgemäße und die wesentlich effizientere Variante: Seilrollenklemme mit Schrauber im Anseilring, Seilklemme für den oberen Umlenkpunkt und die Trittschlinge.

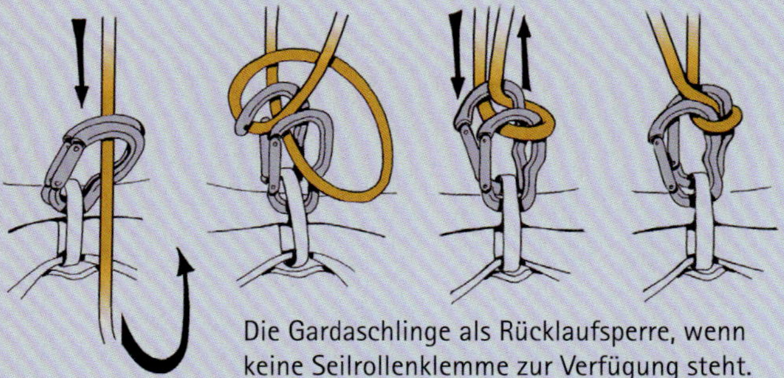

Die Gardaschlinge als Rücklaufsperre, wenn keine Seilrollenklemme zur Verfügung steht.

■ Bremsknoten überwinden

In der Zweier- und Dreier-Gletscherseilschaft empfehlen wir je drei Bremsknoten. Daher kann es bei der Selbstrettung aus der Gletscherspalte (Prusik-/Münchhausentechnik) notwendig sein, einen Bremsknoten zu überwinden.
Ob mit Prusik oder mit technischen Seilklemmen - der Ablauf ist ident.

(1) Einen Kurzprusik mittels Ankerstich im Anseilring fixieren und einen Schrauber in diesen Kurzprusik einhängen.
(2) Nun das Bein in der Steigschlinge durchdrücken und den Schrauber direkt in den Bremsknoten (Sackstichschlinge oder Schmetterlingsknoten) einhängen und verschließen.
(3) Selbstsicherungsschlinge und Trittschlinge abbauen und oberhalb des Bremsknotens wieder installieren.
(4) In der Trittschlinge ansteigen, Tibloc nach oben schieben und den Kurzprusik aus dem Bremsknoten aushängen.

Der Kurzprusik wird mittels Ankerstich in den Anseilring eingebunden.

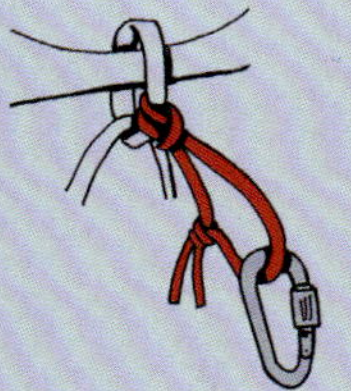

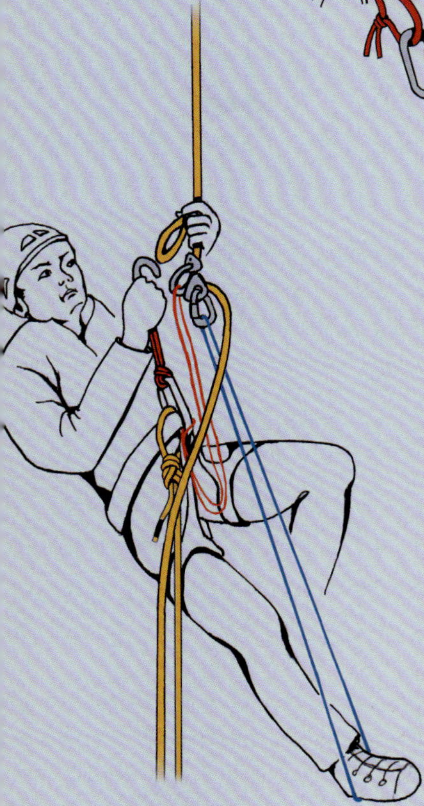

Der Schrauber wird direkt in den Bremsknoten eingehängt.

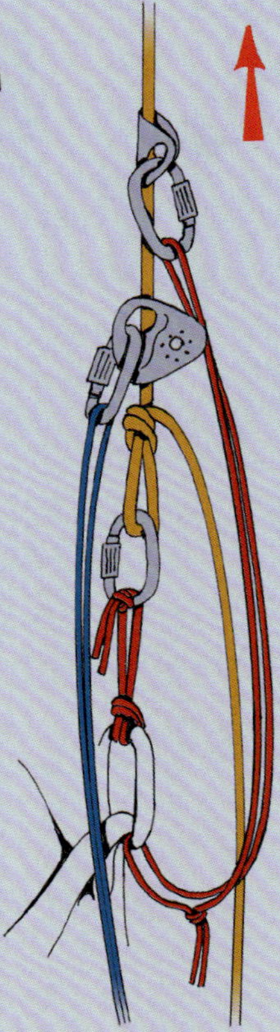

Selbstsicherungsschlinge und Trittschlinge oberhalb des Knotens installieren. In Trittschlinge steigen, Tibloc nach oben schieben und Kurzprusik aushängen.

s e i l k u n d e

s e i l t y p e n

Drei Seiltypen stehen uns heute zur Verfügung: Einfachseil, Halbseil und Zwillingsseil. Gelände, Charakter und Länge der Route sowie die Größe der Seilschaft entscheiden darüber, welcher Seiltyp am besten geeignet ist.

Grundsätzlich gilt:
Das Klettern und Handling mit dem Einfachseil ist bequemer und wird beim Sportklettern in der Halle, in Klettergärten und zunehmend auch in alpinen Sportkletterrouten verwendet.
Halbseile und Zwillingsseile werden vor allem in Mehrseillängenrouten und im alpinen Gelände verwendet. Sie bieten eine zusätzliche Sicherheitsreserve (Redundanz) und große Vorteile beim Abseilen (Rückzug). Zudem ist die Gefahr eines Seilrisses bei Verwendung von zwei Seilsträngen bzw. „Doppelseil" noch geringer als bei einem Einfachseil.
Mittlerweile haben die Hersteller sogenannte dreifach zertifizierte Seile entwickelt. Diese erfüllen die Normanforderungen aller drei Seiltypen.

■ Einfachseil

Einfachseile sind so dimensioniert, dass ein Seilstrang ausreicht, um einen Sturz zu halten. Die Sicherheitsreserven eines Einfachseiles müsse daher sehr groß sein, damit ein Verzicht auf Redundanz vertretbar ist.

Anwendung und empfohlene Länge des Seils
Sportklettern: Halle (50 m), Klettergarten (70 - 80 m), alpines Sportklettern (60 m)
Hochtouren: Gletscher (50 m), Grate (50 m), kombiniertes Gelände (50m

■ Halbseil

Halbseile müssen paarweise verwendet werden. Sie können gemeinsam (Zwillingsseiltechnik), aber auch einzeln (Halbseiltechnik) in Zwischensicherungen eingehängt werden.

Anwendung

- Mehrseillängenrouten (60 m), Dreierseilschaft (60 m)
- Eisklettern/Tradclimbing (60 m): In der Regel in Zwillingsseiltechnik oder in der Halbseiltechnik, um die Belastung auf Zwischensicherungen zu verringern.
- Gletschertouren (50 m): Die Verwendung eines einzelnen Halbseilstranges ist für Gletscherseilschaften zulässig (nicht am Felsgrat!).

■ Zwillingsseil

Zwillingsseile, noch dünner und leichter als Halbseile, müssen immer paarweise und parallel, d.h. in Zwillingsseiltechnik verwendet werden. In jede Zwischensicherung werden immer beide Seilstränge eingehängt.

Anwendung und empfohlene Länge des Seils

Zweierseilschaft in Mehrseillängenrouten (60 m).

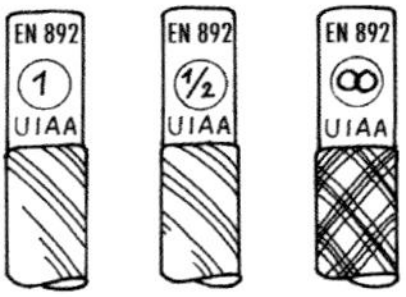

Die Kennzeichnung des Seiltyps auf der Seilbanderole: Einfachseil, Halbseil, Zwillingsseil.

seilnorm

Dynamische Bergseile, die innerhalb der EU verkauft werden, müssen die EU-Normanforderungen gemäß EN 892 erfüllen. Die noch strengeren UIAA-Standards sind freiwillige Zusatzleistungen der Hersteller.

Was wird geprüft?

■ Die Fangstoßkraft

Das ist die maximale Kraft, die beim Normsturz (siehe Skizze) im Augenblick der größten Seildehnung wirkt. Die Fangstoßkraft ist ein Maß für die Energieaufnahmefähigkeit des Seiles. Seile mit höherer Fangstoßkraft sind weniger elastisch und erzeugen beim Halten des Sturzes eine größere Kraft. Die maximale Fangstoßkraft darf bei Einfach- und Zwillingsseilen 12 kN, bei Halbseilen 8 kN nicht überschreiten.

■ Die Sturzzahl

Wie viele Normstürze ein Seil aushält, ist ein direktes Maß für die Sicherheitsreserven eines Seiles. Einfachseile werden mit einer Fallmasse von 80 kg geprüft und müssen mindestens 5 Normstürze halten. Bergseile, die 5 bis 9 Stürze halten, werden als "Normsturzseile" bezeichnet, solche mit mehr als 9 Stürzen als "Multisturzseile". Halbseile werden im Einzelstrang mit 55 kg geprüft und müssen 5 Normstürze halten. Zwillingsseile werden mit 80 kg im Doppelstrang geprüft und müssen mindestens 12 Normstürze halten.

■ Scharfkantenfestigkeit

Einen speziellen "Scharfkantentest" gibt es heute nicht mehr. Da alle Seile aus Polyamid hergestellt sind, ist für die Scharfkantenfestigkeit das Metergewicht eines Seiles ausschlaggebend.

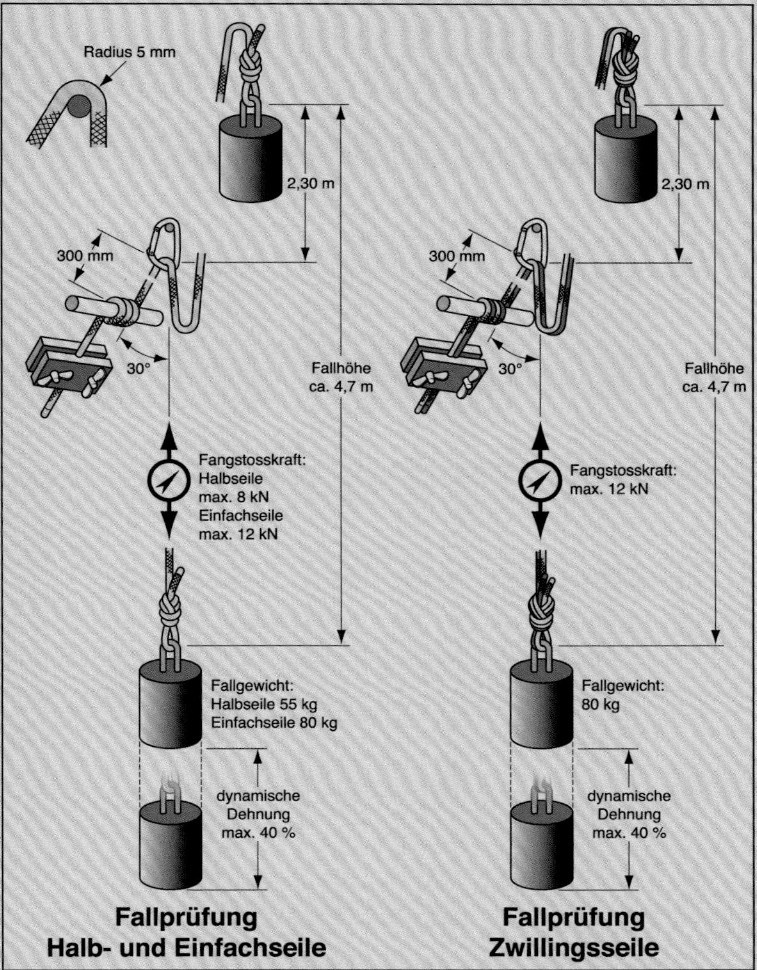
Radius 5 mm
2,30 m
300 mm
30°
Fallhöhe
ca. 4,7 m
Fangstosskraft:
Halbseile
max. 8 kN
Einfachseile
max. 12 kN
Fallgewicht:
Halbseile 55 kg
Einfachseile 80 kg
dynamische
Dehnung
max. 40 %
Fallprüfung
Halb- und Einfachseile
2,30 m
300 mm
30°
Fallhöhe
ca. 4,7 m
Fangstosskraft:
max. 12 kN
Fallgewicht:
80 kg
dynamische
Dehnung
max. 40 %
Fallprüfung
Zwillingsseile

Georg Sojer

■ **Gebrauchsdehnung**

Gibt die Elastizität des Seiles bei einer statischen Belastung mit einem Gewicht von 80 kg an. Die Gebrauchsdehnung darf bei Einfach- und Zwillingsseilen 10 %, bei Halbseilen 12 % nicht überschreiten.

■ **Dynamische Dehnung**

Diese Kenngröße gibt die Dehnung des Seiles beim ersten Normsturz an. Sie soll sicherstellen, dass ein Seil nicht zu elastisch ist, da bei größerer Dehnung das Bodensturzrisiko steigt. Die maximal zulässige Dehnung bei dieser Prüfung beträgt 40 %.

häufige fragen

Lebensdauer von Seilen?

Hersteller empfehlen, abhängig von der Gebrauchshäufigkeit:

nie benutzt:	maximal 10 Jahre
ein- oder zweimal im Jahr benutzt:	bis zu 7 Jahre
einmal im Monat benutzt:	bis zu 5 Jahre
mehrmals im Monat benutzt:	bis zu 3 Jahre
jede Woche benutzt:	bis zu 1 Jahr
fast täglich benutzt:	weniger als 1 Jahr

Auf jeden Fall austauschen sollte man das Kletterseil nach extremen Belastungen oder Schädigungen:

- Wenn der Mantel beschädigt ist und der Kern sichtbar wird.
- Bei starken axialen und/oder radialen Verformungen und

Deformationen (z.B. Versteifungen, Knickstellen, auffallende Schwammigkeit).
- Bei extremen Mantelverschiebungen
- Wenn der Mantel extremen Verschleiß (Abrieb, pelzig) aufweist.
- Nach starker thermischer Belastung, so dass Verschmelzung oder Schmelzspuren sichtbar sind.
- Nach dem Kontakt mit Säuren etc.

Seildurchmesser - je dünner desto besser?

Nein! Sei dir bewusst, dass Einfachseile mit niedrigem Querschnitt (kleiner als 9,5 mm) auch klare Nachteile mit sich bringen:
- heikleres Handling beim Sichern!
- geringere Lebensdauer
- geringere Scharfkantenfestigkeit.

Schadet UV-Strahlung?

Die UV-Strahlung, die ein Bergseil im freien Gelände trifft, mindert die Festigkeit nur unwesentlich. Allerdings verlieren die Fasern an Elastizität und das Seil wird härter. Selbst völlig ausgebleichte Abseilschlingen aus Seilmaterial halten jede in der Praxis vorkommende Belastung, sofern sie nicht beschädigt sind.

Darf man die Seilmitte markieren?

Ja, mit den von den Seilherstellern angebotenen Markierstiften. Auch die Angst vor Edding-Stiften hat sich als unnötig erwiesen. Wir finden es gefährlicher, wenn die Seilmarkierung fehlt (Abseilen!). Die Markierung mit Tape ist keine Alternative.

Wie pflege ich mein Seil?

Gelegentliches Waschen erhöht die Lebensdauer eines Seiles. Verschmutzte Seile können entweder von Hand in der Badewanne mit lauwarmem, klarem Wasser gewaschen werden oder in der Waschmaschin Dabei das Programm für "Wolle" verwenden und nicht schleudern. Zum Trocknen sollen Seile an einem kühlen, schattigen Platz offen ausgelegt und nicht aufgehängt werden.
Tipp: Ein Seilsack schützt vor Schmutz und Nässe.

Was tun gegen Krangelbildung?

Manche Seile neigen mehr zur Krangelbildung als andere, eine Tendenz, die sich mit der Seilalterung verstärkt. Oft aber werden Krangel durch Bedienungsfehler selbst verschuldet. Folgende Tipps helfen, Krangel zu vermeiden:

- Das erste Mal abrollen: Bei der Fertigung wird das Seil krangelfrei auf Trommeln aufgerollt und ausgeliefert. Bei der ersten Benutzung muss es daher unbedingt abgerollt werden, um die Krangelbildung zu verhindern.
- Seil in Schlaufen aufnehmen ("aufschießen"): Wer ein Seil in Ringfor aufnimmt, zwingt Krangel hinein. Richtig ist, das Seil in Schlaufen einm links, einmal rechts über die Hand aufzunehmen und abschließend zu einer Seilpuppe abzubinden.
- Beim Sichern und Ablassen mit Halbmastwurf die Seilstränge unbedingt parallel führen. Je größer der Winkel zwischen ein- und auslaufendem Seil, desto stärker die Krangelbildung.
- Um Krangel aus dem Seil herauszubekommen, lässt man es am besten frei hängen oder zieht es mehrmals durch eine Umlenkung, bzw. über einen staubfreien Untergrund (Wiese).

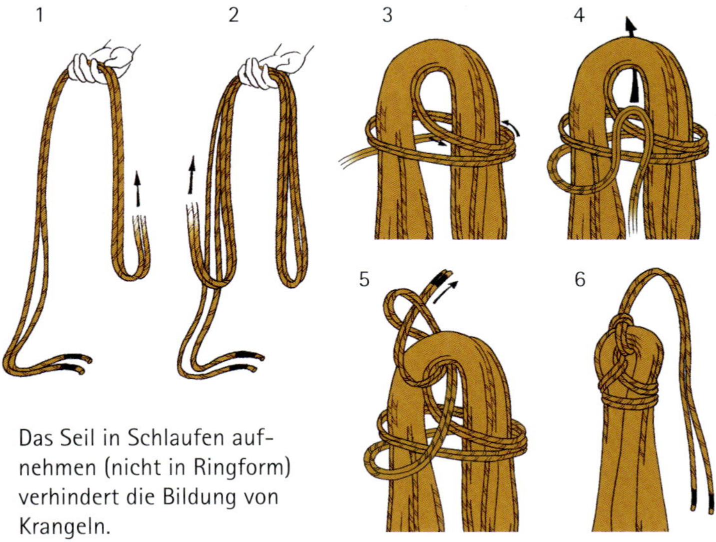

Das Seil in Schlaufen aufnehmen (nicht in Ringform) verhindert die Bildung von Krangeln.

Was bringen imprägnierte Seile?

Für den alpinen Einsatz sind Seile, die möglichst wenig Wasser aufnehmen, ein unbedingtes Muss. Beim Sportklettern ist diese Eigenschaft ohne Bedeutung.

Wie lagern wir Seile?

Optimale Lagerbedingungen: trocken, dunkel, kühl und außerhalb von Transportbehältnissen. Das Seil entweder in einem Seilsack oder aufgeschossen vor direkter Strahlung, Chemikalien, Hitze und mechanischer Beschädigung geschützt, aufbewahren. Ein denkbar ungünstiger Ort, um Seile dauerhaft zu lagern, ist der Kofferraum eines Autos!

Impressum
9. überarbeitete Auflage 2022
Herausgeber: Österreichischer Alpenverein,
Olympiastr. 37, 6020 Innsbruck
Verleger und Medieneigentümer: Heinz Zak, Schießstand 455,
6108 Scharnitz, www.heinzzak.com

Vertrieb im Buchhandel:
Tyrolia-Verlag, Exlgasse 20, A-6020 Innsbruck
buchverlag@tyrolia.at
www.tyrolia-verlag.at
ISBN 978-3-7022-4013-4

Autoren: Michael Larcher und Heinz Zak
Zeichnungen: Angelika Zak
Layout, DTP: Angelika Zak und Martin Zak
Druck: Printer Trento

Titelseite: Heinz Zak in seiner Route „Doc Holiday", 9/9+, Schüsselkar
Foto: Peter Janschek

Achtung:
Die Ratschläge in dieser Broschüre sind von den Autoren und vom Verleger sorgfältig erwogen und geprüft. Dennoch kann keine Garantie übernommen werden. Eine Haftung der Autoren und des Verlegers und seiner Beauftragten für Personen- und Sachschäden ist ausgeschlossen.

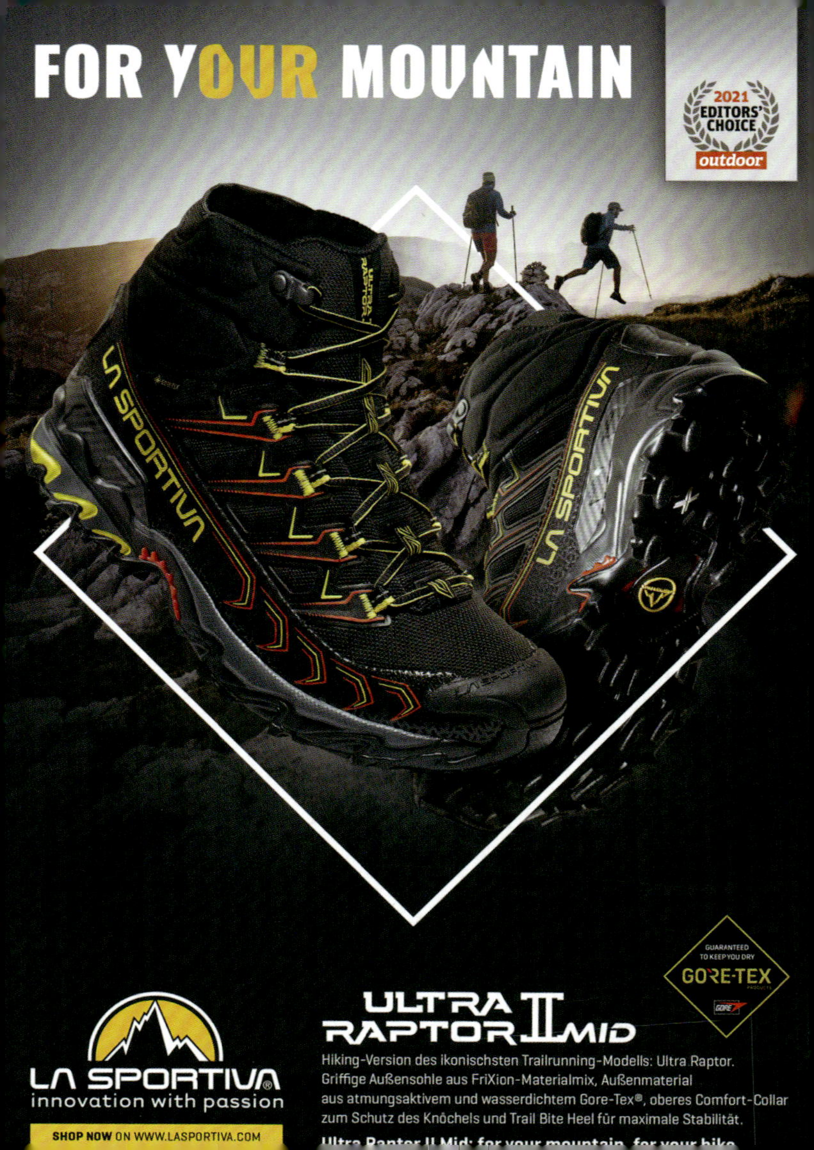
FOR YOUR MOUNTAIN
2021
EDITORS' CHOICE
outdoor
ULTRA RAPTOR
GUARANTEED TO KEEP YOU DRY
GORE-TEX
LA SPORTIVA
innovation with passion
SHOP NOW ON WWW.LASPORTIVA.COM
ULTRA RAPTOR II MID
Hiking-Version des ikonischsten Trailrunning-Modells: Ultra Raptor.
Griffige Außensohle aus FriXion-Materialmix, Außenmaterial
aus atmungsaktivem und wasserdichtem Gore-Tex®, oberes Comfort-Collar
zum Schutz des Knöchels und Trail Bite Heel für maximale Stabilität.